Womit habe ich das alles verdient?

Womit habe ich das alles verdient?

das alles verdient?

12 LEBENS-
GESCHICHTEN

Impressum

Johannes Wendel (Herausgeber)

Womit habe ich das alles verdient?

12 Lebensgeschichten

ISBN 978-3-86353-840-8

© Copyright 2022

Internationaler Gideonbund in Deutschland e.V.
Christian-Kremp-Str. 3
35578 Wetzlar
www.gideons.de

Christliche Verlagsgesellschaft mbH, Dillenburg
Am Güterbahnhof 26
35683 Dillenburg
www.cv-dillenburg.de

Layout: Yannick Schneider
Satz: Marina Wall

Bilder: Privat, AdobeStock, Unsplash

Druck: Grafica Veneta, Italien
1. Auflage

Inhalt

Vorwort

Sie werden in diesem Buch häufig vom Gideonbund, den Gideons, oder einer „Bibel von den Gideons" lesen. Die „Bibel der Gideons" umfasst das Neue Testament mit Psalmen und Sprüchen (aus dem Alten Testament). Durch die Bibeln, die in Hotels ausgelegt werden, sind die Gideons weltweit bekannt. Vielleicht ist Ihnen eine dieser Bibeln schon einmal im Hotelzimmer begegnet. Oder Sie haben in der Schule eine Taschenbibel von den Gideons geschenkt bekommen?

Zum Internationalen Gideonbund gehören überzeugte Christen, deren gemeinsames Ziel es ist, Menschen durch die Bibel mit Jesus Christus bekannt zu machen. Der Internationale Gideonbund gehört zu einer seit 1899 bestehenden weltweiten Vereinigung von Geschäftsleuten und Führungskräften und besteht in 199* Ländern und Regionen der Erde. Es ist ihnen ein aufrichtiges Anliegen, den Menschen die Bibel, Gottes Wort, nahezubringen, weil sie überzeugt sind, dass die Bibel und der Glaube an Jesus Christus bis heute nichts von ihrer Aktualität und Kraft eingebüßt haben.

Zum Gideonbund gehören Mitglieder aus evangelischen Kirchen, Freikirchen und Gemeinschaften, die mit Zustimmung und Unterstützung ihrer örtlichen Kirchengemeinden ehrenamtlich tätig sind, um Bibeln weiterzugeben. In wichtigen Bereichen des öffentlichen Lebens und für große Bevölkerungskreise werden Bibeln ausgelegt bzw. verschenkt.
Die Ehefrauen der Gideons sind in einem eigenen Arbeitszweig organisiert, um Gottes Wort in medizinischen und sozialen Bereichen weiterzugeben. Weitere Informationen zu den Einsatzbereichen finden Sie auf *www.gideons.de*.

Es wurden bisher weltweit mehr als 2,4 Milliarden* Bibeln und Neue Testamente weitergegeben. Die Bibeln werden von Kirchengemeinden, Mitgliedern und Freunden des Gideonbundes finanziert.

Stand: August 2022

QR-Codes mit Videos

Einige der Berichte gibt es zusätzlich als Videoaufzeichnung. In den Videos bekommen Sie weitere Hintergrundinformationen und erfahren noch mehr darüber, wie die Bibel das Leben der Männer und Frauen verändert hat.
Wenn ein Video zu einem Bericht aufgenommen wurde, haben wir einen QR-Code jeweils am Ende des Berichts platziert. Den QR-Code können Sie ganz einfach mit dem QR-Code-Scanner Ihres Mobiltelefons scannen und gelangen darüber direkt zum jeweiligen Video.

Eine Übersicht aller Videos finden Sie hier:

gideons.de**/menschen-erzaehlen-ihre-geschichte**

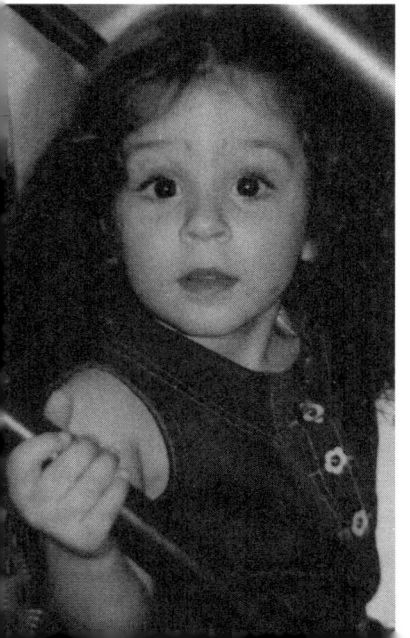

Chiara Cannizzaro mit 2 Jahren (links), bei ihrer Taufe mit 18 Jahren in der Christlichen Versammlung Siegen-Geisweid (unte[r] und auf ihrer Hochzeit (oben)

Chiara Cannizzaro

Ausgegrenzt und allein

Warum sollte Gott sich für mich interessieren?

Mein Name ist Chiara Cannizzaro. Ich bin 23 Jahre alt und komme aus Siegen. Aufgewachsen bin ich in einem nicht-christlichen italienischen Elternhaus. Meine Mutter entwickelte bereits in jungen Jahren ein sehr negatives Bild von Gott. Sie gab ihm die Schuld an allem Schlechten, das ihr widerfuhr, und entschied, dass sie nichts mit Gott zu tun haben wollte. Dies war der Beginn eines dunklen Lebens. Wenig später lernte meine Mutter meinen Vater kennen. Gemeinsam zogen sie von Italien nach Deutschland, um sich ein neues Leben aufzubauen. Mein Vater war Restaurantbesitzer. Als das Geschäft schlecht lief, entschloss er sich, gemeinsam mit seinem Bruder und einem Freund Feuer im Restaurant zu legen, um Geld von der Versicherung zu bekommen.

Doch der Plan misslang: Durch den Brand kam es zu einer Explosion, der Freund meines Vaters kam dabei ums Leben und mein Vater musste lebenslang ins Gefängnis. Unser Leben war auf einmal komplett auf den Kopf gestellt. Meine Mutter war nun alleinerziehend, mit einem kleinen Kind, in einem fremden Land. Hinzu kam, dass unser Umfeld uns beide für das Geschehene verantwortlich machte, obwohl wir überhaupt nichts dafür konnten. Mobbing und Ausgrenzung waren die Folge – sowohl im Kindergarten als auch in der Grundschule. Überall sprach sich schnell herum, wer ich war: die Tochter eines Kriminellen. Die Eltern sagten ihren Kindern zu Hause, dass sie nicht mit mir spielen sollten. In der Schule bewarfen mich die Kinder mit Steinen, bespuckten und schlugen mich. Das Mobbing wurde so schlimm, dass ich die Schule wechseln musste – leider ohne Erfolg. Weil ich krank wurde, musste ich Medikamente nehmen. Eine Nebenwirkung der Medikamente war, dass ich an Gewicht zunahm. Dies führte dazu, dass ich nun auch noch wegen meiner Figur gemobbt wurde. Jetzt war ich die dicke, hässliche Tochter eines Kriminellen. Ich konnte mich selbst nicht mehr lieben und fragte mich, ob ich es überhaupt wert war zu leben. Ich sehnte mich nach einer richtigen Familie, aber bis auf meine Mutter hatte ich niemanden, denn meine Eltern hatten sich getrennt.

Meine Mutter lernte einen neuen Mann kennen und öffnete sich der Esoterik. Es war eine andere Welt, eine, die ich zuvor nicht gekannt hatte. Am Anfang erschien diese Welt in meinen Augen schön. Der Teufel gab uns die Macht, durch Träume in die Zukunft zu schauen. Zum ersten Mal wurde ich von meinen Mitmenschen gesehen und ernst genommen, weil sie sahen, dass es diese Welt wirklich gibt. Aber diese neue Welt blieb nicht lange schön. Die satanischen Mächte belästigten mich. Sie fingen an, mir Angst zu machen, und ich konnte nicht mehr schlafen. Erst dann verstand ich, wem wir die Tür aufgemacht hatten: Satan persönlich. Ich fiel in eine Depression, und mein Leben erschien mir immer wertloser: Mobbing von allen Seiten, keine Familie, der Vater im Gefängnis. Ich sehnte mich nach Liebe und Bestätigung, doch es kam noch schlimmer: Nach ein paar Jahren lernte meine Mutter einen neuen Mann kennen, der gewalttätig war. Von da an erlebte ich tagein, tagaus häusliche Gewalt. Nicht selten führte der Weg ins Krankenhaus. Doch niemand sah den Schmerz, den ich in meinem Herzen trug.

„Wir wissen aber, dass denen, die Gott lieben, alle Dinge zum Besten dienen.“

Römer 8,28

Eines Tages verstarb mein Opa, der ebenfalls Gastronom gewesen war. In seinem ehemaligen Restaurant wurde nun von einer christlichen Gemeinde ein Jugendtreff eröffnet. Meine Freunde und ich waren die meiste Zeit auf den Straßen unterwegs, darum war dieser Jugendtreff etwas ganz Besonderes. Die Menschen dort waren anders: voller Liebe. Sie luden mich in die Jugendstunde ein. Obwohl ich des Öfteren dorthin ging, blieb mein Herz zunächst verschlossen, weil ich nicht verstand, was ich dort hörte. Jedes Mal war die Rede von Jesus und Gott. Irgendwie erinnerte ich mich, dass es Gott geben musste. Aber Jesus? Der war mir komplett neu. Ich fragte einen Mitarbeiter, wofür ich Jesus bräuchte, wenn ich doch an einen Gott glaubte. Auch, warum diese Menschen zu Gott und Jesus gleichzeitig beteten, verstand ich nicht. Der Mitarbeiter nahm sich Zeit, um meine Fragen zu beantworten. Dann fragte er mich, ob ich mit ihm beten wolle, und ich stimmte zu. Er bat Gott darum, dass er sich in meinem Leben zeigen möge, und betonte, dass jeder, der mit offenem Herzen sucht, eine Antwort von Gott bekommen werde. Er ermutigte mich, auch selbst dafür zu beten. Ehrlich gesagt hatte ich keine großen Erwartungen. Ich zweifelte daran, ob Gott, falls es ihn gäbe, sich überhaupt für mich interessieren würde. Es interessierte sich ja sonst auch kaum jemand für mich. Überall gab es nur Ablehnung. Warum sollte sich Gott also für mich interessieren? Doch andererseits dachte ich: „Was habe ich denn zu verlieren?" Noch am selben Abend betete ich zu Hause noch einmal und sagte zu Gott: „Gott, ich habe keine Ahnung, ob es diesen Jesus gibt. Ich habe keine Ahnung, ob du Jesus bist. Aber wenn es dich gibt, dann bitte zeige dich mir."

Die Antwort auf diese Gebete kam überraschend und anders, als ich es mir vorgestellt hatte. Am Montagmorgen ertönte in der Schule eine Durchsage meines Direktors: Alle Schüler, die eine Bibel haben wollten, sollten bitte ins Forum kommen. Ich ahnte, was jetzt auf mich zukam und ging hin. Im Forum stand ein Ehepaar, beide Mitglieder des Gideonbundes. Der Mann erzählte uns seine Geschichte – wie er Jesus kennengelernt hatte, dass er kurz vor dem Sterben gewesen sei und Jesus ihn geheilt hatte. Ich fing vor Freude an zu weinen. Meine Freunde schauten mich fragend an und verstanden nicht, was mit mir los war. Doch ich verstand es genau: Dieser Jesus, der auch Gott ist, interessiert sich wirklich für mich. Er liebt mich so sehr, dass er mir bis in meine Schule folgte. Das bewegte mich sehr. Gott hatte mein Gebet gehört. Er wollte, dass ich sein Kind würde, und er wollte mich heilen, wie er es bei diesem Mann getan hatte.

Völlig aufgelöst ging ich zu dem Ehepaar und erzählte ihnen, dass ich zu Gott um ein Zeichen gebetet hatte und was passiert war. Sie freuten sich mit mir, schenkten mir eine Taschenbibel der Gideons und ermutigten mich, darin zu lesen. Außerdem versprachen sie, für mich zu beten.

Ab diesem Tag hat sich mein ganzes Leben verändert – und endlich war es eine positive Veränderung! Ich war nur eine von insgesamt 200 Schülern, die eine Bibel bekommen hatten – und verstand die entscheidende Nachricht. Das war der Tag, an dem ich Jesus Christus mein Leben anvertraute. Mit Gott habe ich nun den Stärksten an meiner Seite. Der Teufel hat keine Macht mehr über mich. Ein Jahr später habe ich mich taufen lassen.

Heute bin ich 23 Jahre alt, frisch verheiratet und mein größter Wunsch ist es, nun auch eine von den Gideons zu werden und Menschen in Gefängnissen, Krankenhäusern und Schulen von Jesus Christus zu erzählen.

Hier geht es
zum Video mit
Chiaras Geschichte!

gideons.de/**story-chiara22**

Auf einer Raststätte erhielt sein Vater eine Taschen-bibel. Damit begann für den Alexander ein neuer Weg.

Alexander Hinsmann

Der lange Weg zu Gott
Was bedeutet es, frei zu werden?

Mein Name ist Alexander Hinsmann und ich komme aus Mittelhessen. Inzwischen sind schon mehr als zehn Jahre vergangen, seitdem ich von meinem Vater eine Taschenbibel der Gideons bekommen habe. Damals war er als LKW-Fahrer irgendwo in Europa unterwegs. Bei einer Lenkpause auf einem Rastplatz bot ihm jemand eine deutsche Taschenbibel an. Mein Vater bat daraufhin um eine russische Übersetzung und nahm noch ein weiteres Exemplar für mich, seinen Sohn, mit. Er wusste wohl, dass ich damals keine einfache Zeit durchlebte, und ahnte, wo ich Hilfe finden könnte.

Als mir mein Vater das Büchlein reichte, war ich zwar froh darüber, nun eine Bibel zu besitzen, las jedoch nicht darin. Durch meine gläubigen Verwandten hatte ich während meiner Kindheit zwar schon einiges von Gott gehört, hatte aber ein falsches Gottesbild. Ich glaubte an die Existenz Gottes, suchte ihn aber nicht. Etwas später las ich im Büchlein „Fundamente des Glaubens" etwas darüber, wie man durch Jesus Christus frei werden kann. Zum ersten Mal verstand ich, welche Bedeutung sein Tod am Kreuz hat und wer er wirklich ist. Damals blieb es allerdings beim Kopfwissen, das mich zunächst nicht weiterbrachte. Das Fundament war jedoch gelegt.

„Ihr seid das Licht der Welt. Es kann die Stadt, die auf einem Berge liegt, nicht verborgen sein. Man zündet auch nicht ein Licht an und setzt es unter einen Scheffel, sondern auf einen Leuchter; so leuchtet es allen, die im Haus sind. So lasst euer Licht leuchten vor den Leuten, damit sie eure guten Werke sehen und euren Vater im Himmel preisen."

Matthäus 5,14-16

Sechs Jahre später fing ich an, nach Gott zu suchen – oder besser gesagt: Gott hat all diese Jahre an mir gearbeitet. Ich begann, in der Taschenbibel zu lesen. Bis zu meiner Umkehr zu Gott war es jedoch ein langer Prozess, der durch das Lesen von Gottes Wort zum Abschluss kam. Letztendlich habe ich verstanden, dass man eine Entscheidung treffen muss: Entweder lebt man mit Gott und überlässt ihm die Kontrolle über sein Leben, oder man lebt nach seinen eigenen Vorstellungen und fragt nicht nach ihm. Dies war die Stunde, in der ich Jesus Christus mein Leben anvertraute. Natürlich gab es neben dem Bibellesen viele Menschen, Umstände und Gebete, die mich zum Glauben geführt haben. Entscheidend war jedoch das Wort Gottes, das mir meine Schuld vor Gott vor Augen führte, in mir Reue und letztlich eine Sinnesänderung bewirkte. Seit über vier Jahren lebe ich mein Leben als gläubiger Christ und erlebe Gott als liebenden Vater. Gelobt und gepriesen sei der Herr, der mich erlöst und berufen hat!

Ich möchte alle ermutigen, die Bibel, das Wort Gottes, weiterzugeben und dafür zu beten, dass Gott an Menschen wirkt. Nicht immer sehen wir die Auswirkungen dessen, was wir für unseren Herrn Jesus tun, aber wir dürfen gewiss sein: Gottes Wort kommt nicht leer zurück (Jesaja 55,11). Meine Bibel hat inzwischen ihren Besitzer gewechselt. Dem neuen Besitzer gab sie im richtigen Moment Trost, Stärke und Hoffnung. Ich bete immer noch für ihn.

Der Traum von der Profikarriere:
Dirk Mesenbrock mit 5 (oben)
und 18 Jahren (links)

Dirks Großmutter, kurz nach ihrer
Taufe (rechts), und seine Mutter

Dirk Mesenbrock

Meine zweite Chance
Was passiert nach dem Tod?

Mein Bruder und ich wurden sehr humanistisch und liberal erzogen. Das hing unter anderem damit zusammen, dass meine Mutter eine starke Persönlichkeit in einer Frauenbewegung war. Freiheit und Toleranz wurden bei uns großgeschrieben. Ich kann mich noch daran erinnern, dass ich als 12- oder 13-Jähriger mit Freunden eine Fahrradtour ins Münsterland unternahm. Eine Woche lang waren wir allein unterwegs – zu einer Zeit, in der es noch keine Handys oder Internet gab. Auch Telefonzellen hätten uns nichts gebracht, denn wir hatten zu Hause kein Telefon. Wir sind einfach weggefahren und nach einer Woche wieder nach Hause gekommen. Nachts kamen wir bei Bauern unter, die uns auch mit Essen versorgten. So bin ich groß geworden.

Glaube und Kirche waren nie ein Thema in unserer Familie. Was mein Leben bestimmte, war der Fußball. 1974, mit fünf Jahren, verfolgte ich die erste Fußballweltmeisterschaft, und seitdem gab es mich nur noch mit Ball. Mit zwölf Jahren spielte ich zum ersten Mal in einer Auswahlmannschaft. In meiner Jugend war ich auf einer Fußballschule und bereits auf dem Sprung, Profifußballer zu werden.

Dann begann meine Wehrdienstzeit bei der Bundeswehr. Im Januar ging es los. Teil der Ausbildung war es, mehrere Nächte bei -17 °C draußen zu schlafen und danach waren wir völlig durchgefroren. Eines Morgens, als ich in der Kaserne im Bett lag, rief der Spieß (Kompaniefeldwebel) auf dem Flur: „Alle aufstehen!" Ich wollte aufstehen, konnte es aber nicht. Am Tag vorher war noch alles in Ordnung gewesen, nun aber stimmte irgendetwas nicht. Meine Kumpels dachten natürlich, dass ich blaumachen wollte, aber bis auf meinen Kopf konnte ich wirklich kein Körperteil mehr bewegen. Der Spieß glaubte mir nicht und schrie mich an. Als ich auch dann nicht aufstand, packte er meine Bettdecke und riss mich aus dem Bett. Ich fiel auf mein Gesicht, hatte Nasenbluten und kam erst mal auf die Krankenstation der Kaserne. Drei Wochen lang lag ich dort, und niemand konnte mir sagen, was mit mir los war. Meine Gelenke waren total geschwollen, ich konnte mich nicht mehr bewegen und hatte starke Schmerzen. Da die Ärzte nicht wussten, was sie mit mir machen sollten, wurde ich ins Bundeswehr-Zentralkrankenhaus nach Koblenz verlegt. Auch dort konnte sich keiner erklären, was ich hatte. Da es etwas Ansteckendes hätte sein können, kam ich auf die Isolierstation. Das Zimmer war sehr einfach eingerichtet: Es gab ein Bett, einen Nachttisch und eine Bibel von den Gideons. In der ersten Woche meines Aufenthalts lag ich nur im Bett und wurde mit Medikamenten vollgepumpt. Dann fingen die Ärzte an, mich auf den Kopf zu stellen. Nach einer

Weile schlugen die Medikamente an und ich konnte meine Arme wieder leicht bewegen. Vor lauter Langeweile griff ich nach der Bibel, die von den Gideons dort ausgelegt wurde. Ich schlug sie auf und las: „Jesus kam und heilte sie alle." Wütend warf ich die Bibel an die Wand und dachte: „Was ist das denn für ein Schmöker? Das ist ja unglaublich!" Die Nachtschwester hatte Erbarmen, hob die Bibel auf und legte sie wieder an ihren Platz.

In dieser Zeit stieg mein Schlafpensum auf 18 Stunden am Tag. Die Menschen um mich herum wurden allmählich unruhig. Auch nach zwei Monaten Aufenthalt im Bundeswehr-Zent-

Lieblingsbibelvers

„Ehe ich gedemütigt wurde, irrte ich; nun aber halte ich dein Wort."

Psalm 119,67

ralkrankenhaus wusste immer noch keiner, was mit mir los war. Ich bemerkte die Angst und Sorge meiner Eltern, wenn sie zu Besuch kamen, und wurde selbst unruhig. Immer wieder nahm ich die Bibel und las darin irgendwelche Sachen von einem Gott, der sich darin vorstellt als einer, der seine Kinder liebt. Ich dachte: „Mich kann er ja damit nicht meinen." So verging die Zeit, und langsam machte ich kleine Fortschritte. Nach zwei bis drei Monaten, in denen ich nichts tun konnte, außer an die weiße Decke zu gucken, durfte ich endlich in einem Rollstuhl mein Zimmer verlassen. Auf dem Flur fand ich einen Kaffeeautomaten. An diesem Automaten traf ich auf einen anderen Patienten, einen jungen Mann, der auch Soldat war. Er schob ein Gestänge mit Infusionsflaschen vor sich her und hatte keine Haare mehr auf dem Kopf. Wir kamen ins Gespräch und ich freute mich, endlich jemanden zu haben, mit dem ich reden konnte. So trafen wir uns jeden Morgen am Kaffeeautomaten, tranken Kaffee und redeten. An einem Morgen wartete ich, aber er kam nicht. Auch am nächsten Tag kam er nicht und als er am dritten Tag immer noch nicht da war, wagte ich zu fragen, wo dieser Mann jetzt sei. Da sagte mir die Schwester, dass er am Tag vorher gestorben sei. Er war HIV-positiv – einer der ersten Fälle in Deutschland. Als die Schwester mir sagte, dass er tot sei, war ich geschockt. In meinem Kopf lief plötzlich ein Film ab von all den Worten, die ich in diesem blauen Buch, in dieser Bibel von den Gideons, gelesen hatte. Darin wurde beschrieben, wo man sein Leben nach dem Tod verbringen wird; dass es eine Hölle und dass es ewiges Leben gibt. Auf einmal wurde mir klar, was geschehen würde, wenn ich jetzt auch sterben würde. Ich bekam Angst. Ich bekam Todesangst! Bisher konnte mir ja keiner sagen, ob ich dieses Szenario hier überleben würde. Ständig sah ich nur besorgte Gesichter und bekam keine Diagnose. Mit diesen Gedanken fuhr ich mit meinem Rollstuhl in mein Zimmer zurück. Ich hievte mich ins Bett, kniete mich hin und schrie zu Gott. Wahrscheinlich habe ich gebetet, ohne zu wissen, was Beten eigentlich ist. Ich schrie: „Gott, wenn du wirklich der bist, von dem in diesem Buch die Rede ist, wenn du mich hier herausholst und ich weiterleben darf, dann verspreche ich dir, dass ich bei dir bleiben und nicht in mein altes Leben zurückgehen werde. Ich werde den Menschen erzählen, dass dieses Buch kein Märchenbuch ist. Und ich werde den Menschen durch mein Leben erzählen, dass du wirklich ein guter Gott bist." Unter Tränen, übermannt von Angst und den Medikamenten, schlief ich ein.

Am nächsten Morgen war mein Zimmer wegen Überfüllung geschlossen. Um mich herum standen zehn bis zwölf Menschen mit weißen Kitteln. Sie sagten zu mir: „Wir haben eine gute Nachricht für Sie: Wir haben endlich herausgefunden, dass das, was Sie durchmachen, nicht zum Tod führen wird." Ich dachte: „Das ist ja klasse! Ich darf weiterleben, ich bekomme meine zweite Chance!" Dann sagten sie mir, dass sie auch eine schlechte Nachricht für mich hätten: Meine Gelenke wären so kaputt und vernarbt, dass sie sich nicht mehr regenerieren würden. Ich sollte mich darauf einstellen, mein weiteres Leben im Rollstuhl zu verbringen. Für mich war dies dennoch eine unglaublich gute Nachricht, die mich wirklich glücklich machte. Ich war mir sicher, dass es einen Zusammenhang zwischen diesen „Weißkitteln" und meinem Gebet gab, und ich merkte dadurch, dass Gott wirklich existiert. Zu diesem Zeitpunkt, mit neunzehn Jahren, entschied ich mich für Jesus und mein Leben mit Gott begann. Nach diesem Ereignis überkam mich ein Gedanke: „Wenn Gott mich vor dem Tod bewahrt hat, kann er mich auch gesund machen." Also bestellte ich mir zwei Krücken und lief immer wieder ein paar Meter damit. Innerhalb von zwei bis drei Monaten wurde die Menge der Medikamente, die ich einnahm, immer weiter reduziert, bis ich irgendwann zu Hause behandelt werden konnte. Das Krankenhaus konnte ich schließlich ohne Rollstuhl und auf nur eine Krücke gestützt verlassen. Die Ärzte konnten es nicht begreifen. Ich erzählte ihnen, dass ich in der Bibel gelesen hätte und dachte, dass ich sterben müsste, aber jetzt ewiges Leben hätte und dass dieser Gott mich sogar gesund machen könne. Die Ärzte verstanden es nicht, aber ich merkte, dass in mir etwas lebt, das ich nicht kannte.

Da ich noch nie in einer Kirchengemeinde gewesen war, hatte ich keine Ahnung, wie ich als Christ leben sollte. Ich wusste auch nicht, wo es Christen gab. Nie hatte mich jemand auf Gott angesprochen. Also fing ich an, in der Bibel nach Antworten zu suchen. Meine Grundeinstellung zur Bibel hatte sich nun vollkommen verändert. Vorher hielt ich Christen für weltfremde Spinner. Jetzt hatte ich erkannt, dass in diesem Buch Leben steckt, denn sonst wäre mein Leben vorbei gewesen. Meine kritische, skeptische

Voreingenommenheit gegenüber der Bibel verschwand und verwandelte sich in ehrliches Interesse, in Dankbarkeit und Zuversicht. Jetzt las ich die Bibel anders, nämlich gespannt und erwartungsvoll, denn ich wollte verstehen, was mit mir passiert war. Und plötzlich öffnete sich mir das Wort Gottes. Bibelverse, die mir vorher Probleme bereitet hatten, verstand ich auf einmal. Es war wie ein Feld, das man beackert. Es gab auch Steine – also Fragen – in diesem Feld, aber Jahr für Jahr wurden diese Steine immer weniger. Immer mehr Dinge in meinem Leben klärten sich und ich entwickelte eine richtige Liebe für diesen Gott.

Zu Hause war ich wieder in meinem gewohnten Umfeld: Mich erwartete die Toleranz meiner Eltern, die meinten, dass ich schon wieder „normal" werden würde. Aber ihre Erwartung erfüllte sich nicht. Zum Geburtstag schenkten sie mir ein Buch, in dem die Bibel lächerlich gemacht wurde. Dieses blasphemische Buchgeschenk verletzte mich so sehr, dass ich die geplante Geburtstagsfeier absagte, obwohl alle Gäste schon eine Einladung erhalten hatten. Meine Eltern dachten, ich sei jetzt völlig durchgedreht. Sie ärgerten sich so sehr, dass sie eine Weile nicht mehr mit mir sprachen. Die Bibel nahm ich weiterhin täglich in die Hand und las darin. Nach ein paar Wochen war die Geduld meiner Mutter zu Ende. Als sie sah, dass ich wieder in der Bibel las, nahm sie sich einen Stuhl, setzte sich neben mich und fragte mich, was mich an diesem Buch so faszinieren würde. Ich meinte, dass ich ihr das nicht erklären, jedoch daraus vorlesen könne. Dann fing ich an vorzulesen. Zum Glück war ich gerade bei der Bergpredigt. Nach einer Viertelstunde stand meine Mutter kommentarlos auf und ging aus dem Zimmer. Von diesem Tag an setzte sie sich jeden Tag neben mich und las mit mir in der Bibel. Als mein Vater dies mitbekam, hatte er überhaupt kein Verständnis dafür. Meine Mutter ermutigte ihn, auch dazuzukommen. So kam es, dass wir abends zu dritt in der Bibel lasen. Meine Mutter schlug vor, dass wir das von da an einmal wöchentlich machen sollten. Erst waren wir zu dritt, etwas später kam mein Bruder mit seiner Frau dazu und auch meine Frau, die ich damals kennenlernte. So entstand unser erster Hauskreis. Damals hatte ich eine Oma, die mir sehr viel bedeutete. Sie war herzkrank und nie wirklich gesund. Sie bekam nun mit, dass wir sonntags den Gottesdienst besuchten und so kam sie mit uns mit. Auch sie kam zum Glauben und ließ sich mit 73 Jahren taufen – ein Jahr bevor sie starb. Alle aus meiner Familie entschieden sich, ihr Leben mit und für Jesus Christus zu leben und ließen sich taufen. Diese kommunistische, humanistische, egozentrische Familie wurde von Gott eingesammelt. Das ist einfach atemberaubend!

Entgegen aller ärztlichen Prognosen erfreue ich mich heute bester Gesundheit. Von den Vernarbungen in meinen Gelenken spüre ich nichts mehr. Auch auf den Röntgenbildern ist nichts mehr davon zu sehen. Gott hat mich völlig gesund gemacht, ich kann wieder Sport treiben und sogar Fußball spielen. Außerdem bin ich glücklich verheiratet, Familienvater und mittlerweile sogar schon dreifacher Opa. Wenn ich darüber nachdenke, was Gott mir und meiner Familie Gutes getan hat, bekomme ich immer noch Gänsehaut und es erfüllt mich mit großer Dankbarkeit.

Hier geht es zum Video mit **Dirks Geschichte!**

gideons.de/story-dirk22

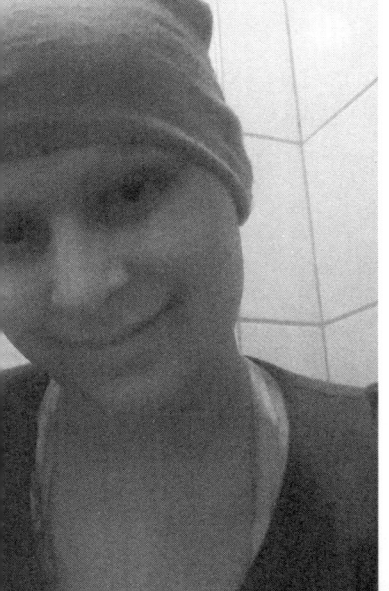

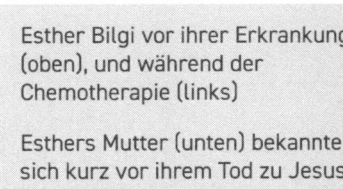

Esther Bilgi vor ihrer Erkrankung
(oben), und während der
Chemotherapie (links)

Esthers Mutter (unten) bekannte
sich kurz vor ihrem Tod zu Jesus
und erfuhr tiefen Frieden

Esther Bilgi

Durch tiefe Täler
Womit habe ich das alles verdient?

Mein Name ist Esther. Ich bin 33 Jahre alt, Krankenschwester und komme aus einer jesidischen* Familie. Als ich im Jahr 2016 mit meiner Tochter in Verden auf dem Spielplatz war, fiel mir eine Mutter auf. Sie hatte so eine freundliche Ausstrahlung, wie sie keine der anderen Mütter hatte. Dies machte mich neugierig. Wir kamen ins Gespräch und sie erzählte mir, dass sie Christin sei, Jesus lieben und ihm nachfolgen würde. Von Jesus hatte ich schon in meiner Kindheit gehört, war offen dafür, hatte aber seine Bedeutung für mich nie richtig verstanden. „Ich liebe Jesus auch", antwortete ich ihr. Als sie das hörte, freute sie sich sehr und lud mich ein, mit in ihre Kirchengemeinde zu kommen. Ich willigte ein, doch es vergingen noch mehrere Monate, bis ich tatsächlich zum ersten Mal mitkam.

Wenige Wochen nach dieser Begegnung spürte ich zum ersten Mal ein Stechen in meiner rechten Brust und ging zum Arzt. Die Biopsie bestätigte meine schlimmste Befürchtung: Ich hatte bösartigen Brustkrebs. Als ich das hörte, fühlte ich mich, als ob mir jemand die Beine weggerissen hätte. Zwei Monate lang dachte ich über mein Leben nach. Vor allem drehten sich meine Gedanken um:

- eine Ehe, die von einem gefühllosen und schlechten Partner geprägt war,
- eine Mutter, die seit drei Jahren schwerstkrank war (Parkinson) und die ich pflegte, sooft ich konnte
- und ein Zuhause mit einer Schwiegermutter und einer Schwägerin, die mich nicht leiden konnten.

Schlaflosigkeit, Appetitlosigkeit und Angst waren nun meine ständigen Begleiter. Bei einem Spaziergang mit meiner Tochter dachte ich darüber nach, was wohl aus ihr werden würde, wenn ich sterben sollte. Ich bekam große Wut auf Gott. Nachdem ich erst einmal fast drei Kilometer gelaufen war, schrie ich plötzlich zum Himmel:
„Gott, warum hast du mir das angetan? Habe ich nicht jeden mehr beachtet und gepflegt als mich selbst? Womit habe ich das alles verdient?"

Einige Tage später traf ich wieder diese Frau vom Spielplatz, die Jesus liebte, und fuhr mit ihr in die Gemeinde zum Gottesdienst. Inzwischen war ich bereits dreimal an der Brust operiert worden und hatte noch Wundschmerzen. Von der Predigt des Pastors fühlte ich mich persönlich angesprochen – es kam mir vor, als spräche er über mein Leben. Ich weinte und weinte die ganze Zeit, während ich ihm zuhörte. Nach dem Gottesdienst erzählte ich einigen Gottesdienstbesuchern von meiner Krebserkrankung und dass auch meine Mutter schwer krank sei. Als ich ihnen sagte, dass ich nicht wüsste, wie es weitergehen sollte, versprachen sie, als ganze Gemeinde für mich zu beten. Einer von ihnen schenkte mir eine Taschenbibel von den Gideons. Eine Frau ermutigte mich, Psalm 91 zu lesen. Zu Hause las ich den Psalm, den mir die Frau empfohlen hatte, und wurde davon sehr ermutigt. Ich spürte zum ersten Mal wirklichen Trost, fing an, die ganze Bibel durchzulesen, und bekehrte mich heimlich zum Herrn Jesus.

Irgendwann bemerkte mein Mann meine Veränderung und versuchte, mir den Glauben zu verbieten. Doch ich betete trotzdem weiter. Weil er mir verbot, in die Gemeinde zu fahren, las ich täglich in der Bibel. Mir wurde deutlich, wie real die Hölle ist. Ich bekam plötzlich Angst um meine Mutter und fuhr sofort zu ihr. Mithilfe des Pastors erklärte ich ihr, wie man zum Glauben kommt. Meine Mutter vertraute ihr Leben Gott an, und ein tiefer Friede kam über sie. Wo vorher noch Angst, Stöhnen und Schmerzen ihr Gesicht gezeichnet hatten, war jetzt tiefer Friede. Dies bekamen nun auch meine leiblichen Geschwister mit. Sie waren mit unserem neuen Glauben anfangs überhaupt nicht einverstanden und verlangten von uns, wieder ins Jesidentum zurückzukehren. Sie versuchten, mich bei meinen Eltern zu Hause einzusperren und meine Mutter wieder vom Herrn Jesus wegzuziehen. In dieser Zeit betete ich so oft ich konnte für sie und vertraute darauf, dass Gott, der Herr, der Stärkere ist. Meine Mutter starb noch während meiner Chemotherapie. Trotzdem hatte ich Frieden, denn ich bin mir sicher, dass meine

Lieblingsbibelvers

„Glaube an den Herrn Jesus Christus, so wirst du und dein Haus gerettet werden!"

Apostelgeschichte 16,31

Mutter jetzt bei ihm ist. Einige Zeit nach dem Tod meiner Mutter erfuhr ich, dass mein Mann mir all die Jahre untreu gewesen war und so trennte ich mich von ihm. Schon nach einem Jahr hatte ich eine gute Arbeitsstelle, eine schöne, günstige Wohnung und ein Auto gefunden. Heute bin ich vollständig gesund vom Krebs. Meine Familie ist inzwischen offener geworden und toleriert meinen Glauben. All das verdanke ich dem Herrn Jesus, der mich errettet hat. Ich danke auch dem Gideonbund von ganzem Herzen für die kostenlose Bibel, durch die meine Mutter und ich zum Herrn Jesus fanden.

Jesiden oder Eziden sind eine zumeist Kurmandschi (Kurdisch) sprechende ethnisch-religiöse Gruppe mit etwa einer Million Angehörigen, deren ursprüngliche Hauptsiedlungsgebiete im nördlichen Irak, in Nordsyrien und in der südöstlichen Türkei liegen.

Marit Eichberger mit 4 Jahren (oben), und mit ihrem Mann Andreas auf einer Taufe am Neuenheerser Stausee

1989 wurde Marit aus der DDR ausgebürgert, ihr Personalausweis daraufhin zerschnitten

DEUTSCHE DEMOKRATISCHE REPUBLIK

PERSONALAUSWE

für Bürger

der Deutschen Demokratischen R

Marit Eichberger

Vom Seelenwrack zur Powerfrau
Finde ich bedingungslose Liebe?

Mein Leben zeigt, wie Gott auf krummen Linien gerade schreiben und aus den Scherben eines Lebens wunderschöne Mosaike schaffen kann. Ich bin die Tochter eines evangelischen Pastors aus Ostdeutschland. Dennoch habe ich das Evangelium mit seiner zentralen Botschaft von Jesu Tod am Kreuz lange nicht verstanden. In der damaligen DDR war man automatisch ein Außenseiter, wenn man aus einer christlichen Familie stammte. Ich gehörte zu den wenigen Kindern an meiner Schule, die weder in der Pionier- und FDJ-Organisation waren noch die staatliche Jugendweihe empfingen. Dadurch erlebte ich viele Nachteile, wenn es um Auszeichnungen oder den Zugang zum Abitur ging.

Auf der einen Seite erlebte ich christliche Aktivitäten wie den Kirchgang, Kinder- und Jugendstunden sowie Freizeiten, auf der anderen Seite das unglaubwürdige Leben meiner Eltern, in dem es viel Streit, Ehebruch und Verletzungen gab. Als ich acht Jahre alt war, ließen sich meine Eltern schließlich scheiden und meine Mutter zog mit uns Kindern in eine Missionsschule nach Ostbrandenburg. Noch schlimmer als die Scheidung meiner Eltern war für mich aber der Missbrauch durch den Arzt der Familie, woraufhin ich zum ersten Mal versuchte, mich umzubringen.*

Lieblingsbibelvers

„Denn ich will die müden Seelen erquicken und die bekümmerten Seelen sättigen."

Jeremia 31,25

Getrieben von meinem ungestillten Hunger nach Liebe und Wahrheit brach ich eines Tages aus der zwiespältigen Scheinfrömmigkeit aus. Ich begann ein Verhältnis mit dem Leiter eines Jugendclubs und wurde schwanger. Kurz darauf heirateten wir. Ich fühlte mich endlich begehrt und wertvoll. Wie demütigend war es für mich, als ich während meiner Schwangerschaft feststellte, dass ich nur eine von etlichen Frauen war, mit denen mein Mann verkehrte, und nicht einmal die Einzige, die ein Kind von ihm erwartete! So zerbrach diese kurze Ehe noch während meiner Schwangerschaft. Obwohl ich alleinerziehende Mutter war, schaffte ich es, meine Ausbildung zur Krankenschwester abzuschließen und erste Berufserfahrungen zu sammeln.

Um meine belastenden Erlebnisse zu verarbeiten, begann ich, Lieder zu schreiben und kam so in Kontakt mit der Ostberliner Liedermacherszene. Am Anfang des Jahres 1989 kam ich dadurch mit der Staatssicherheit (Stasi) der

DDR in Berührung. Der Vorwurf lautete: „Verdacht auf Mitwisserschaft und Verfassen von staatsfeindlichem Liedgut". Es folgten Verhöre, Hausdurchsuchungen, die tägliche Überwachung durch Beamte der Stasi sowie das Abhören und Mitschneiden meines gesamten Berufs- und Privatlebens. Dies wurde mein Alltag bis zum Tag meiner Ausbürgerung im Mai 1989. Damals wurde mein Personalausweis zerschnitten und ich verließ die DDR mit einer Staatsausbürgerungsurkunde, einer Identifikationsbescheinigung, einem Rucksack und meinem Kind im Buggy. Dem Schmerz des Verlassens stand die Hoffnung auf ein besseres Leben gegenüber.

Durch gute Kontakte konnte ich recht zügig vom Aufnahmelager in Gießen nach Paderborn umziehen und dort neu anfangen. Als mein Sohn vier Jahre alt war, erhielt ich die erschütternde Diagnose Eierstockkrebs. Bereits vor dieser Nachricht war ich oft von Ängsten getrieben worden, denn ich hatte durch den Dienst in der häuslichen Pflege miterlebt, wie zwei junge, ebenfalls alleinerziehende Frauen innerhalb kürzester Zeit an dieser Krankheit gestorben waren. Diese Erlebnisse mit den beiden Frauen übertrug ich sofort auf meine eigene Situation und glaubte nun, mit 24 Jahren sei auch mein Ende gekommen. Zu der Zeit war ich mit einem jungen Musiker befreundet. Von ihm und seiner Familie fühlte ich mich mit meinem Kind angenommen. Als wir schließlich heirateten, adoptierte mein Mann meinen Sohn. Das war mir sehr wichtig, weil der Kleine versorgt sein sollte, falls ich sterben müsste.

Aufgrund des Eingriffs, bei dem ein großer Teil meiner Eierstöcke entfernt wurde, rutschte ich in eine Depression völliger Antriebslosigkeit ab, zusätzlich geplagt von der Angst, nie wieder Kinder bekommen zu können. In dieser Zeit erlebte meine Mutter eine Umkehr zu Gott und es verging kaum ein Tag, an dem sie mir nicht erzählte, dass sie und alle anderen auf der Missionsschule für mich beten würden. Außerdem schickte sie mir ständig Post mit christlichen Inhalten, was mich aber einfach nur nervte, weil ich es für fanatisch hielt. Von den Grenzen der Schulmedizin enttäuscht suchte ich einen Heilpraktiker auf, der sich mit fernöstlichen Heilmethoden beschäftigte. Diese Heilmethoden und auch die meditativen Übungen schienen anzuschlagen und wie durch ein Wunder wurde ich geheilt und erstaunlicherweise erneut schwanger. Obwohl ich genau wusste, dass viele Menschen für mich gebetet hatten, schrieb ich meine unerklärliche Heilung nicht Gott zu, sondern diesen Heilmethoden. In meiner Begeisterung darüber besuchte ich sogar selbst eine Heilpraktikerschule. Darüber hinaus beschäftigte ich mich immer mehr mit okkulten Praktiken wie Pendeln, Rutengehen, Channeln, Kartenlegen und vielem dergleichen mehr. Ich war fasziniert von der übernatürlichen Welt. Mein Gewissen beruhigte ich, indem ich mir einredete, dass das, was hilft, doch nicht verkehrt sein könne.

Mein immer noch ungestillter Hunger nach Liebe, gepaart mit dem jahrelangen und zunehmenden Suchtverhalten meines Mannes, führte nach elf Jahren zum Aus unserer Ehe. Mit der neuen Freiheit als alleinerziehenden Mutter von inzwischen drei Kindern und meiner Stellung als Ausbilderin war ich zunächst sehr zufrieden. Dann verliebte ich mich erneut in einen Mann, von dem ich mir die Sicherheit erhoffte, nach der ich mich so sehnte. Ich war bereit, alles für ihn zu tun. Ohne es selbst zu merken, veränderte ich mich völlig und ließ zu, dass er mich und mein Umfeld kontrollierte. Das führte dazu, dass ich meine Kinder vernachlässigte, Freundschaften aufgab und mich mit allen zerstritt, die mir vorher etwas bedeutet hatten. Dass diese Menschen nur versuchten, mir die Augen zu öffnen, wollte ich zu diesem Zeitpunkt nicht akzeptieren. Ich gab mich immer mehr selbst auf und identifizierte mich nur noch über diesen Partner. Da er sich auch für andere Frauen interessierte, suchte ich nach Möglichkeiten, ihn noch mehr an mich zu binden. Ich hoffte, ein gemeinsames Kind könnte die Lösung des Problems sein – vergeblich! Verzweiflung stieg in mir auf, als ich nun auch noch meine Arbeitsstelle und die Eigentumswohnung verlor und von der Unterstützung des Sozialamts leben musste.

In der Zeit wurde mir klar, dass ich seelisch total an diesen Mann gefesselt war. Er selbst schien auch darunter zu leiden, vor allem, weil wir inzwischen ein gemeinsames Kind erwarteten, das es nicht verdient hatte, in so ein Chaos hineingeboren zu werden. Das brachte mich in einen Ausnahmezustand mit Suizidgedanken, der in einen Unfall mit Zwangseinweisung mündete.* Nach diesem erneuten Tiefpunkt und der Geburt des Kindes konnte ich mich erneut aufrappeln und erhielt sogar eine Festanstellung als Krankenschwester. Wenig später kam der Tag, an dem ich mit dem Mann zuerst zum Standesamt und anschließend zum Notar ging, um eine Bürgschaft über eine sechsstellige Geldsumme zu unterzeichnen, die er brauchte, um ein Haus zu kaufen. Davon erhoffte ich mir erneut, dass er sich endgültig für mich entscheiden und zu mir ziehen würde. Doch nach diesem Tag war ich eine Woche lang voller Angst, konnte nicht richtig schlafen und bekam plötzlich eine akute eitrige Blinddarmentzündung, die eine Operation erforderte.

In meinem Zimmer im Krankenhaus sah ich auf dem Tisch ein Neues Testament mit Psalmen und Sprüchen vom Gideonbund liegen. Als ich in den Psalmen blätterte, entdeckte ich den Vers aus Psalm 119,67: *„Ehe ich gedemütigt wurde, irrte ich. Nun aber halte ich dein Wort."* Etwas später stieß ich auf diese Stelle: *„Rufe mich an in der Not, so will ich dich erretten und du sollst mich preisen"* (Psalm 50,15). Voller Scham rief ich innerlich zu Gott: „Jesus, wenn es stimmt, was ich als Kind gehört habe und du der einzige Weg bist, dann hilf mir bitte, bitte hier wieder raus! Alleine schaffe ich das nicht! Wenn du mir hier raushilfst, dann sollst du über mein ganzes Leben bestimmen!" Am Nachmittag dieses Tages wurde ich auf die Nummer eines fürsorglichen Menschen im Telefonbuch meines Handys aufmerksam, der nach meinem Anruf dafür sorgte, dass die Unterlagen der Bürgschaft vom Büro des Notars zurückgehalten wurden. Danach blieb an diesem Tag gerade noch Zeit, das Ganze zu widerrufen. Einen Tag später wäre es zu spät gewesen. Ich konnte es kaum fassen. Voller Dankbarkeit und Hoffnung erledigte ich alle Formalitäten und rief meine Mutter an, die lange für mich gebetet hatte.

Nach der Entlassung aus dem Krankenhaus bemühte ich mich, täglich nach dem zu leben, was in der Bibel stand. Eines Tages fand ich in der Tageszeitung einen Artikel über eine freie evangelische Kirchengemeinde in der Nähe. Ich beschloss, mir diese anzusehen, und war nach dem Gottesdienst von den bewegenden Liedern und auch von der Herzlichkeit und Liebe der vielen Erwachsenen, Kinder und Jugendlichen positiv überrascht.

Am nächsten Sonntag nahm ich meine Kinder mit. Ein Prediger sprach von einem Wellensittich im Käfig. Obwohl die Käfigtür offenstand, konnte der Wellensittich nicht hinausfliegen, weil er sich den ganzen Tag lang im Spiegel ansah, nur noch ans Futter dachte und keinen Bezug mehr zur Außenwelt hatte. Der Prediger sprach von Gottes Wunsch, dass alle Menschen von jeglicher Gebundenheit frei werden. Weil er weiß, dass wir Menschen ohne ihn nicht frei werden können, ist er in Jesus selbst Mensch geworden; Jesus, von dem es in der Bibel heißt: *„Ich bin die Tür"* (Johannes 10,7) und *„Ich bin der Weg, die Wahrheit und das Leben"* (Johannes 14,6). An diesem Tag verstand ich zum ersten Mal, dass Jesus Christus für all mein Unvermögen und all meine Schuld, die ich auf mich geladen hatte, auf die Erde gekommen und auch meinetwegen am Kreuz gestorben war, damit ich frei sein kann. Bis ich zu Hause ankam, konnte ich nicht aufhören zu weinen. Es war eine Mischung aus Tränen der Freude und Tränen der Reue. Jetzt wollte ich nur noch nach Gottes Willen leben. Ich vereinbarte einen Termin beim Pastor der Gemeinde. Gemeinsam mit ihm bat ich Gott um Vergebung für all meine Irrwege und legte mein ganzes Leben in Gottes Hände.

Von diesem Tag an nahm mein Leben eine Wendung um 180 Grad. Ich studierte in Gottes Wort und es wurde zu meinem täglichen Brot. Gott machte mich nach und nach frei von seelischen Bindungen, okkulten Belastungen, Ängsten und meiner emotionalen Instabilität. Die Bibel wurde für mich zum besten Therapiebuch der Welt und mein Leben wurde hell. Gott gab mir die Kraft, allen Menschen zu vergeben, die mir Leid zugefügt hatten. Ich erkannte auch, wo ich meinerseits andere Menschen um Vergebung bitten musste. Durch die Gemeinde hatte ich plötzlich einen größeren Bekannten- und Freundeskreis als je zuvor und begann, mich mit meinen Gaben einzubringen.

In der Folgezeit machte ich viele weitere praktische, ermutigende Erfahrungen mit Gott und erlebte, wie Gott mich versorgte und führte und wie er heute noch Wunder tut. Je mehr ich Gott erlebte, umso mehr wünschte ich mir, ihm noch mehr dienen zu können. Doch das war für mich als alleinerziehende Mutter gar nicht so einfach. Nach einer Zeit, in der Jesus Christus die letzte Wurzel der Bitterkeit aus meinem Herzen herausgenommen hatte, entstand in mir der Wunsch nach einem gläubigen Ehemann und geistlichen Vater für meine Kinder. Der Herr erfüllte mir diese Bitte, und so heiratete ich schließlich den freikirchlichen Theologen und Musiker Andreas Eichberger. Inzwischen leiten wir gemeinsam das Paderborner Chapter der Vereinigung „Christen im Beruf" und eine freikirchliche Gemeinde in Bad Driburg. Nach meiner Ausbildung zur christlich-psychologischen Beraterin bin ich auch in der Seelsorge und Beratung tätig.

Sind Sie selbst depressiv oder haben Sie Suizid-Gedanken? Dann kontaktieren Sie bitte die Telefonseelsorge (www.telefonseelsorge.de). Unter der kostenlosen Hotline 0800-1110111 oder 0800-1110222 erhalten Sie anonym Hilfe.

Hier geht es
zum Video mit
Marits Geschichte!

gideons.de/**story-marit22**

Drängende Fragen: Wo geht es lang im Leben?

Michael als Kind mit 12 Jahren (Bild links)

Michael Isaak

Wenn es klick macht
Was ist der Sinn meines Lebens?

Mein Name ist Michael Isaak. Ich bin 41 Jahre alt und seit 15 Jahren mit meiner Frau Sarah verheiratet. Geboren wurde ich in Sibirien, aufgewachsen bin ich jedoch in Heidelberg und Bielefeld, da meine Familie nach Deutschland ausgewandert war. Meine Eltern waren Atheisten. Sie glaubten nicht an Gott und wollten auch nichts mit ihm zu tun haben.

Wenn ich an meine Kindheit denke, kommen mir nicht viele schöne Erinnerungen. In meiner Familie gab es leider immer wieder Probleme mit Alkohol, Streit und Gewalt. Oft saß ich mit großer Furcht zu Hause und hoffte einfach darauf, dass nichts Schlimmes passierte. Meine Oma war die Einzige in der Familie, die mit Gott etwas anfangen konnte. Sie glaubte an Gott, sprach mit uns über ihn und brachte uns Gebete bei wie dieses: „Lieber Heiland, mach mich fromm, dass ich in den Himmel komm!" Ich betete dieses Gebet zwar jeden Abend, aber ich hatte keine lebendige Beziehung zu Jesus Christus.

Meinen ersten Kontakt mit der Bibel hatte ich erst in der Realschule in Bünde-Mitte. Als ich in die 5. Klasse kam, besuchten Mitglieder des Gideonbundes meine Schule und verschenkten kleine Taschenbibeln auf dem Schulhof. Ich hatte zwar Respekt vor der Bibel, nahm „mein" Exemplar aber eher desinteressiert an und steckte es ein. Dieses Desinteresse änderte sich, als ich auf einmal meine Schulkameraden sah, wie sie mit ihren Taschenbibeln Fußball spielten. Dies machte mich sehr zornig. Ich war zwar kein Christ, aber es ärgerte mich, dass die anderen so respektlos mit diesem „Heiligen Buch" umgingen. Aus Trotz beschloss ich, dass ich es anders machen würde. „Ich werde die Bibel nicht so behandeln", sagte ich mir. „Ich werde sie in Ehren halten und darin lesen." Zu Hause vergaß ich dieses Vorhaben und legte die Bibel erst einmal längere Zeit zur Seite.

Während der Pubertät begann ich nach der Wahrheit zu suchen. Mein Denken veränderte sich und mir gingen viele Fragen durch den Kopf, die mir keine Ruhe ließen: Warum bin ich auf dieser Erde? Wofür soll ich leben? Wohin gehe ich nach dem Tod? Gibt es eine Ewigkeit? Gibt es wirklich einen Gott? Ein Gericht? Oder vielleicht nichts? Aber was ist, wenn es doch etwas gibt? Was ist, wenn es wirklich eine Hölle und einen Himmel gibt? Der Tod machte mir große Angst. Jederzeit könnte ich sterben und was dann? Es war schwer für mich mit dieser Unsicherheit zu leben. Auch die typischen menschlichen Lebensziele wie Geld, Ruhm, Familie und Spaß konnten mir keine befriedigende Antwort auf die Frage nach dem Sinn des Lebens geben. Alle diese Dinge waren vergänglich und der Tod konnte jeden Moment einen Strich durch alle meine Lebensplanungen machen. Eines Tages fand ich die Taschenbibel in meinem Zimmer wieder und begann, intensiv darin zu lesen. Ich staunte über die Weisheit, die Jesus Christus auszeichnete. Ich war begeistert, wie er schwierige Situationen mit nur einem Satz auflösen konnte, wie z.B. bei der Frau, die beim Ehebruch erwischt worden war. Jesus war für mich ein Superheld, ein Vorbild, der scheinbar aus jeder Situation wieder herauskam, ganz im Gegensatz zu mir und meinem Chaos, in dem ich lebte. Die Bibel wurde ab diesem Tag mein täglicher Begleiter. Sie war für mich wie ein Handy. Egal ob ich im Bus oder irgendwo sonst unterwegs war, immer war die Bibel dabei. Überall holte ich sie heraus und las darin. Ich denke, dass ich sie ungefähr zehn Mal durchgelesen habe, bevor ich gläubiger Christ wurde.

„Ohne Glauben aber ist es unmöglich, Gott zu gefallen; denn wer zu Gott kommen will, der muss glauben, dass er existiert und dass er die, die ihn suchen, belohnt."

Hebräer 11,6

Was ich in der Bibel las, nahm ich mir zu Herzen und versuchte aus eigener Kraft, alle Gebote zu halten. Doch es funktionierte nicht. Ich bekam große Angst, weil ich merkte, dass ich es einfach nicht schaffte, Gottes Ansprüche zu erfüllen und gerecht zu leben. Doch Gott half mir. Eines nachts lag ich im Bett und dachte wieder einmal über den Sinn des Lebens nach: hoffnungslos, orientierungslos und verloren. So lag ich im Bett, voller Sorgen und konnte nicht schlafen. Plötzlich fiel mir ein, dass mir jemand eine Kassette mit einer klaren Predigt, geschenkt hatte. Ohne große Erwartungen drückte ich auf „Play" und spielte die Kassette ab. Ich hörte die Predigt und auf einmal ergab alles einen Sinn. Alles, was ich in diesem Buch, in dieser Bibel gelesen hatte, verknüpfte sich in meinem Kopf. Ich erkannte, dass ich zwar an Jesus glaubte, aber noch nicht seine Gnade angenommen hatte. Ich hörte von der Liebe Gottes und war überwältigt. Gott liebt mich? Für einen so großen Sünder wie mich gab Gott seinen geliebten Sohn Jesus Christus dahin, damit er für meine Sünden am Kreuz starb?

Als ich von dieser unglaublichen Liebe hörte, fühlte ich mich sehr unwürdig, denn ich lebte überwiegend für mich selbst und war weit von Gott entfernt. Aber zur gleichen Zeit wusste ich jetzt, dass es einen Weg der Errettung gab. Ich hatte erkannt, dass ich nicht aus eigener Kraft gerecht werden kann, sondern nur durch das, was Jesus Christus für mich getan hat. Ich stieg aus meinem Bett und kniete mich nieder. Tränenüberströmt bekannte ich Gott meine Sünden und nahm den Herrn Jesus dankend als meinen Retter und Erlöser an. Nach dem Gebet legte ich mich wieder hin und plötzlich – wie aus dem Nichts heraus – kam ein sehr großer Frieden über mich. Eine unglaubliche Liebe erfüllte mein Herz und im Nu wich die Angst vor dem Tod. Ich lag nun mit einem Lächeln im Bett und sagte zu Gott: „Wie ist das möglich? Eben noch lag ich hoffnungslos hier in meinem Bett und plötzlich war ich überglücklich!"

Verstehen konnte ich es nicht, aber in zwei Dingen hatte ich Gewissheit bekommen: dass von nun an mein Leben einen Sinn hatte und dass, wenn ich sterbe, mich der Gott der Liebe mit offenen Armen empfangen wird! Nach diesem Gebet las ich weiter in der Bibel. Endlich verstand ich das, was ich dort las, als ob mir jemand die Augen geöffnet hätte. Die Bibel wurde für mich zu meinem besten Freund, zum meinem treuesten Begleiter und meinem Zufluchtsort, in all dem Chaos, in dem ich lebte. Ich verspürte nun den brennenden Wunsch, auch anderen Mensch von dieser Liebe zu erzählen. Ich wünschte mir, dass so viele Menschen wie möglich diesem Gott der Liebe begegnen dürfen und ihm nachfolgen würden. Gerne wollte ich Theologie studieren, doch mein Vater war strikt dagegen. Ich studierte stattdessen Maschinenbau, doch dies war nicht der Weg, den Gott für mich vorgesehen hatte. Nach zweieinhalb Jahren brach ich das Studium ab und ging mit meiner Frau nach Finnland, um bei einer christlichen Studentenarbeit mitzuhelfen. Nach fünf Jahren berief uns Gott zurück nach Deutschland und ich diente sieben Jahre als Jugendreferent in Sinsheim.

Mittlerweile hat Gott uns fünf Kinder geschenkt und ich darf Pastor der Evangelischen Freikirche Sieker e.V. sein, einer Mennoniten-Brüdergemeinde in der Nähe von Bielefeld. Ich möchte allen danken, die bereit sind, Gottes Wort treu weiterzugeben. Ich möchte euch Gideons danken, dass ihr nicht aufgegeben habt, auch wenn manche mit den Bibeln Fussball gespielt haben. Eine dieser Bibeln hat mich erreicht und mir den Weg zu Gott gezeigt. Eine dieser Bibeln hat mich verändert und aus einem unglücklichen Jungen einen begeisterten Nachfolger Jesu gemacht, der Gott mit ganzem Herzen dient.

Hier geht es zum Video mit **Michaels Geschichte!**

gidecns.de/**story-michael22**

Marius Fabian mit
18 Jahren vor seinem Unfall

Marius Fabian

Leben und Sterben
Gibt es echten Frieden mit Gott?

Ich bin Marius Fabian, 36 Jahre alt, ein durchschnittlicher Deutscher, wie man ihn aus dem Verein, von der Mofa-Clique oder aus Kindertagen vom Fußballplatz kennt. Beruflich habe ich mit Technik zu tun.

Meine familiäre Prägung ist weltanschaulich „protestantisch fromm" mit zum Teil starken aufklärerisch-naturalistischen Einflüssen. Beide Großelternpaare sowie meine Eltern waren bzw. sind gläubige Christen. Dies brachte für sie in ihrer rumänischen Heimat manche Komplikationen mit sich, insbesondere unter dem Präsidenten Ceaușescu, was dazu führte, dass ihren Glauben eine große Ernsthaftigkeit auszeichnete. Aufgrund der durch Kinderlähmung bedingten Gehbehinderung meiner Mutter, verbunden mit der Notwendigkeit einer lebensgefährlichen Operation an der Wirbelsäule, ließ die rumänische Regierung meine Eltern in den frühen 80er Jahren nach Deutschland ausreisen. Das war eine Art Wunder, möchte ich rückblickend sagen. Unter großem Einsatz haben Christen in Nordrhein-Westfalen und Niedersachsen meine Eltern beherbergt und in Bezug auf behördliche und finanzielle Fragen diverse Unterstützung geleistet. Durch die besondere Hilfe einzelner Menschen konnten meine Eltern in Deutschland bleiben.

Mitte der 80er-Jahre wurde ich dann in Niedersachsen geboren, aufgewachsen bin ich aber im Südwesten der Bundesrepublik – mit „Spätzle und Soße". Die Ehe meiner Eltern war leider schwierig und konfliktreich. Mein Vater wandte sich vom Glauben ab und beeinflusste mich stark naturalistisch-aufklärerisch, vor allem jedoch antikirchlich. Mein kindlicher Glaube flachte ab und wandelte sich in der ersten Zeit am Gymnasium in sarkastische Rebellion. Die Lehrerschaft, in Verbindung mit der in Deutschland stark durch die sogenannte „Frankfurter Schule" geprägte Bildung, tat ihr Übriges.

Während meiner Schulzeit kam ich oft mit Leid und Tod in Berührung: 1996 erkrankte mein Vater an Krebs. 1997 starb ein Handball-Mannschaftskamerad, gerade erst elf Jahre jung, bei einem Skiunfall. 1998 nahm sich ein Bekannter im Alter von neunzehn Jahren das Leben.* 1999 fand man den Leichnam meiner Tante in der Enz (das ist ein Fluss bei Pforzheim). In den Sommerferien im Jahr 2000 erlag mein

Vater seinem Krebsleiden. Ein Jahr später schied der Bruder des Bekannten als junger Erwachsener ebenfalls durch Suizid* aus dem Leben. 2003 verstarb erneut ein Handball-Kamerad durch einen Autounfall... Die Gewalt des Todes, seine Endgültigkeit und Hässlichkeit trafen mich jedes Mal wie ein Hammer. Wie ausgeliefert man als Mensch diesem elenden Tod doch ist! Gott und die ewigen Dinge auszublenden fiel mir aufgrund dieser Erlebnisse immer schwerer. Die Fragen nach Gott, nach dem Sinn der Existenz, nach der Wahrheit, drängten sich mir auf. Der gelebte Glaube meiner Mutter und ihr Friede trotz allem Leid (sie war an den Rollstuhl gebunden) bildeten dazu einen starken Kontrast und einen Ruhepol. Oft erzählte sie mir von ihrer Kindheit, vom Glauben ihrer Eltern, von ihrem Weg nach Deutschland und von der Hilfe und Unterstützung, die sie von Christen in Deutschland erfahren hatten. Dies hinterließ bei mir einen starken Eindruck.

Meine Jugend verlief „wild": Partys, immer wieder mal ordentlich Alkohol, viel Handball, Motorradfahren und Zeit mit Freunden. Das alles machte zwar viel Spaß, erfüllte mich aber nicht dauerhaft mit Freude – unterm Strich blieb immer eine innere Leere. Gott war für mich irgendwie immer existent, aber mehr in einer Parallelwelt. In meiner Wunschvorstellung hielt ich ihn aus meinem Revier heraus und mischte mich dafür nicht in seine Angelegenheiten ein – Burgfriede. Gegen seinen Segen hatte ich nichts einzuwenden, wenn er sich so zeigte, wie ich es wollte. Das Problem: Vergänglichkeit, Elend, Tod und Sterben nahmen auf meine Wunschvorstellungen keine Rücksicht. Da gab es keinen Burgfrieden, nicht mal Waffenstillstand. Auch eine gewisse Ablenkung von all diesen Fragen durch meine erste „feste" Freundin hielt nicht lange an. Es bedurfte glasklarer Antworten und tragfähiger Lösungen. Warum sterben wir? Wie kommt man zur Ruhe? Gibt es richtigen Frieden mit

Gott? Diese Fragen beschäftigten mich stark und machten mich innerlich unruhig. In diese Lebensphase hinein erhielt ich eine Taschenbibel der Gideons. Es war im Zeitraum zwischen Herbst 2002 und Frühjahr 2004. Ich bekam diese Bibel bei einer Weitergabeaktion der Ludwigsburger Gideon-Gruppe am Ellental-Gymnasium in Bietigheim-Bissingen. Sie war klein, kompakt und übersichtlich, mit Leitfragen zur Orientierung, je nach Lebenslage. Diese Taschenbibel kam für mich genau im richtigen Moment. Sie verursachte den ersten Haarriss in meinem geistlichen Verteidigungswall und führte schlussendlich zu einem Dammbruch der guten Art. Nachdem ich die Bibel bekommen hatte, entdeckte ich vorne die Hilfestellen und schlug gleich die erste der angegebenen Stellen auf: Psalm 90,12. Dort steht: *„Lehre uns bedenken, dass wir sterben müssen, damit wir klug werden."* Das traf mich hart. Ich las zu Beginn viel im Buch der Offenbarung und hatte den starken inneren Eindruck: „Egal was die anderen sagen, dieses Buch sagt dir die Wahrheit. Manches klingt vielleicht etwas fremd, und doch ist es wahr. Hier wird dir reiner Wein eingeschenkt." Es war *das* fehlende Puzzleteil zu akuten Fragen, die zum Teil auch im Gemeinschaftskundeunterricht bei den Themen Weltpolitik und Weltwirtschaft in mir aufkamen.

Durch einen schweren Motorradunfall im Frühsommer 2004 verpasste Gott mir dann einen letzten unmissverständlichen „Ordnungsgong". Ich war unterwegs zu meinem ehemaligen Fahrlehrer, um mit ihm an seinem Mini-Cooper zu schrauben. Die Wetterbedingungen waren ungünstig: Es hatte geregnet und ich hatte bereits beim Losfahren ein komisches Gefühl im Bauch. Als ich an einer Ampel hielt, gab es auf einmal einen mordsmäßig lauten Schlag. Ich sah nur noch meinen nach oben gestreckten Fuß und dachte: „Wenn du jetzt draufgehst, dann gehst du zum Teufel". In meinem Herzen schrie ich: „Herr, hilf!", während ich im hohen Bogen über die Kreuzung flog. Das alles kam mir wie eine Ewigkeit vor. Mein Leben lief währenddessen vor meinem inneren Auge ab, wie ein Film. Gott sei Dank bin ich nicht im Gegenverkehr gelandet, sondern auf der eigenen Spur. Man brachte mich ins Krankenhaus, aber ich hatte nur Schürfwunden und ein leichtes Schleudertrauma. Gott hatte mich bewahrt. Es war ein echtes Wunder. Einige Tage später telefonierte ich wegen des Schadens mit dem Gutachter. Er sagte: „Junge, du hattest mindestens zehn Schutzengel. So, wie dein Motorrad aussieht, hätte ich erwartet, dass du entweder auf dem Friedhof oder im Rollstuhl bist." Diese Worte rüttelten mich endgültig wach. Ich sagte mir: „Jetzt ist Schluss, ich muss mein Leben Jesus Christus anvertrauen. Ich kapituliere und renne nicht mehr weg. Du hast recht, Gott, ich bin ein Sünder und ich muss dir folgen und dir auch gehorchen." Es reicht nicht, sich nur zu irgendetwas zu bekennen und zu sagen: „Ich bin Christ" – „Jesus ist schon okay", sondern ich musste umkehren, so wie es in Markus 1,15 heißt: *„Tut Buße und glaubt an das Evangelium."*

Nachdem ich mein Leben mit Gott in Ordnung gebracht hatte, bekam ich wirklich inneren Frieden. Ein Friede, der mit nichts zu vergleichen ist. Für den es keinen Ersatz gibt. Heute kenne ich den Grund für Gottes Eingreifen: Meine Mutter und viele andere haben intensiv für mich gebetet. Meine Reise auf dem Glaubensweg mit dem Herrn Jesus Christus verlief seitdem in Höhen und Tiefen. Unterm Strich bleiben Freude, Dankbarkeit und insbesondere *„... die Hoffnung der Herrlichkeit"* (Kolosser 1,27). Die Gideon-Gruppe fungierte hierbei durch die Weitergabe der Taschenbibel sozusagen als „Geburtshelfer". Als Ingenieur denke ich auch manchmal an das Bild eines Schwingkreises. Man muss ihn anstoßen, einen Impuls setzen. Dauerhaft am Schwingen hält ihn eine andere Energiequelle.

Jesus bezeichnet sich ja als „das Licht der Welt" und „das Brot des Lebens". Weder Licht noch Brot (und vieles mehr) möchte ich mehr missen. Einen herzlichen Dank an dieser Stelle für diesen Dienst.

Sind Sie selbst depressiv oder haben Sie Suizid-Gedanken? Dann kontaktieren Sie bitte die Telefonseelsorge (www.telefonseelsorge.de). Unter der kostenlosen Hotline 0800-1110111 oder 0800-1110222 erhalten Sie anonym Hilfe von Beratern.

Hier geht es
zum Video mit
Marius' Geschichte!

gideons.de/**story-marius22**

Januar

SA 8.15 MA 10.14
SU 16.51 MU 21.47

● Donnerstag 24 Jan

APA=GEBURTSTAGS KIND (39)

N RUSSLAND. OMA UND OPA

AMEN ZU BESUCH   LIEBESBRIEF
OM LIEBEN GOTT BEKOMMEN!

24-342

Freitag 25

Thorsten Brenscheidts Tage-
bucheintrag von dem Tag,
an dem er in der Schule
eine Taschenbibel erhielt

Thorsten: damals und heute

Thorsten Brenscheidt

Der Liebesbrief
Wünscht sich Gott eine persönliche Beziehung?

Es war Donnerstag, der 24. Januar 1980. Ich war zehn Jahre alt und besuchte die fünfte Klasse der Anne-Frank-Realschule im Schulzentrum Bochum-Gerthe. Mit Frau Stempel hatten wir eine gläubige Religionslehrerin. Wahrscheinlich war sie damals der erste und einzige Mensch, den ich kannte, der mit Gott etwas anfangen konnte. Meine Eltern, Verwandten, Nachbarn und Freunde hatten mir nie etwas von einem persönlichen Gott erzählt. Ich hatte von nichts eine Ahnung. In der Grundschule sollten wir einmal Jesus in der Krippe malen – davon hatte ich noch nie gehört. Dann fielen mal die Namen Kain und Abel – auch die kannte ich nicht. Ich wusste nichts von Gott oder biblischen Geschichten. Kirchen kannte ich nur von außen. Selbst an Heiligabend gingen wir nicht in den Gottesdienst, sondern ins Kino. Bescherung, Weihnachten und Ostern gab es, aber alles ohne biblische Bezüge. Als ich an einem Ostersonntag bei meiner Oma war, erzählte meine Cousine, die ein halbes Jahr jünger ist als ich, dass Jesus auferstanden sei und wir deshalb Ostern feiern würden. Ich konnte damit nichts anfangen und mir auch nichts darunter vorstellen – und schon gar nicht, dass das etwas mit mir persönlich zu tun haben könnte.

Dann kam der besagte 24. Januar 1980. Ich ahnte nicht, dass dieser Tag mein Leben für immer verändern würde. Genauso wenig ahnte ich, dass dieser Tag von Gott geführt sein und Ewigkeitswert haben würde. Für den Religionsunterricht hatte meine Lehrerin an diesem Tag einen Gast eingeladen: ein Mitglied des Gideonbundes. Der Mann war schon etwas älter, aber ihm gelang es, die Aufmerksamkeit von über 20 Zehn- bis Elfjährigen zu gewinnen. Er wirkte überzeugend in seinen Worten. Die ganze Zeit hielt er ein kleines, grünes Buch in der Hand: eine Taschenbibel der Gideons. Viele meiner Mitschüler merkten: Dieser Mann meint das, was er sagt, wirklich ernst. Er wirbt nicht für den VfL Bochum oder einen Briefmarkenverein. Da ist mehr dahinter. Es kommt aus der Tiefe seines Herzens.

Seine Überzeugungskraft packte auch mich irgendwie. Warum eigentlich? Seine Worte wirkten erst einmal wie von einem anderen Planeten – total fremd. So etwas oder so etwas Ähnliches hatte ich noch nie gehört. Vielleicht war es das? Jahre später erkannte ich, dass hier der Heilige Geist wirkte und Gott sich mir durch diesen Mann vorstellte – zum ersten Mal in meinem Leben. Solche Worte, die zum einen so fremd und zum anderen aber so einladend klangen, werde ich in meinem ganzen Leben nicht mehr vergessen. „Diese Taschenbibel ist ein Liebesbrief von Gott!", erklärte er. Ich fragte mich, wie so etwas möglich sein konnte – dass Gott, der mich geschaffen hat, mich auch persönlich liebt und mit mir leben will? Es klang zu schön, um wahr zu sein. Dann bot er uns die kleinen, grünen Taschenbibeln an. Es sei die Heilige Schrift, wir sollten sie auf unserem Schreibtisch aufbewahren, sodass wir sie immer vor uns sehen und täglich darin lesen. Dieses Buch schien wirklich kostbar zu sein. Er bat uns Schüler um Handzeichen, wer ein Buch haben wolle. Die meisten Hände gingen hoch, meine Hand natürlich auch. Nur wenige Mitschüler zeigten kein Interesse. Ich bekam eine Taschenbibel gereicht und wusste: Das ist Gottes Brief an mich persönlich.

Zu Hause angekommen erzählte ich meiner Mutter kurz davon und legte die Bibel auf meinen Schreibtisch. Abends schrieb ich immer in mein Tagebuch – so auch an diesem Abend. Es war sowieso ein besonderer Tag: Mein Vater hatte Geburtstag, war aber als Monteur in Russland. Meine lieben Großeltern kamen zu Besuch; und nicht nur die, sondern auch Gott kam zu Besuch – durch einen Gideon in meiner Schulklasse. Ich schrieb in mein Tagebuch: „Liebesbrief vom lieben Gott bekommen!" Ein Satz mit Ausrufezeichen.

Von diesem Tag an las ich täglich in der Bibel. Ich fing vorne bei Matthäus an, las Tag für Tag, verstand aber fast nichts davon. Einen Monat später, am 24. Februar, stand in meinem Tagebuch: „Bei der Bibel auf Seite 50."
Am 19. April hieß es: „87 Tage habe ich die Bibel!" Fortan

trug ich immer wieder den Durchschnitt meines Leseverhaltens ein. Ich kam im Schnitt auf knapp zwei Seiten pro Tag. Am 14. August schrieb ich in mein Tagebuch: „Bibel: 392 : 204 = 1,92", das hieß, ich hatte in 204 Tagen 392 Seiten in der Taschenbibel gelesen. Das klingt vielleicht komisch, aber ich hatte von klein auf ein Faible für Mathematik. Von dem, was in der Bibel stand, hatte ich zwar nur wenig verstanden, aber immer weitergelesen. Warum? Weil mir die Worte des Gideons vom 24. Januar nachgingen. Meine gläubige Religionslehrerin wurde leider gegen eine liberale Kollegin ausgetauscht. Auch sonst hatte ich keinen Ansprechpartner oder irgendjemanden, den ich in Sachen Bibel mal etwas hätte fragen können. Die Jahre vergingen und erst mit 16 Jahren lernte ich gläubige Christen kennen. Ich ging nun regelmäßig in den Jugendbund „Entschieden für Christus". Mit einigen aus diesem wirklich ermutigenden Kreis fuhr ich Anfang 1988 für eine Woche zur Minibibelschule am Bodenseehof.

Jahrelang war ich christlicher Mitläufer. Über Jahre hinweg las ich regelmäßig in der Bibel, betete auch schon mal und hielt sogar eine Stunde im Schülerbibelkreis. Aber ich war kein Christ. Das änderte sich durch den herausfordernden Bibelschulunterricht am Bodenseehof. Zu Hause in Bochum angekommen, am Abend des 10. April 1988, machte ich ganze Sache mit Gott. Ich bekannte ihm meine Schuld und meinen Wunsch, künftig mit ihm zu leben, ihm alles anzuvertrauen und ihm gehorsam nachzufolgen. Es war ein langer Weg mit der Taschenbibel, der mehr als acht Jahre gedauert hat; vielleicht auch, weil ich in den ersten Jahren keine Begleitung oder Ansprechpartner hatte. Die Zeit war dennoch nicht vergebens. Den Eintrag meiner persönlichen Entscheidung *(siehe letzte Seite in diesem Buch)* konnte ich nun in der Bibel machen. Ich hatte inzwischen eine schönere, neue Taschenbibel und die alte grüne meinem Vater geschenkt. Heute bleibt mir neben meiner beruflichen Tätigkeit Zeit für Verkündigungs- und Vortragsdienste und auch für das Schreiben von theologischen Aufsätzen und Büchern. Ich habe ein vielleicht ungewöhnliches Hobby: die lateinische Sprache. Ein lateinischer Satz ist seit Jahren mein Lebensmotto, und damit möchte ich schließen: *Soli Deo Gloria* – Gott allein die Ehre!

Nathalie Maier

Von Menschen enttäuscht
Gibt es auch in meinem Leben Schuld?

Gemeinsam mit meinem Bruder bin ich in einem katholisch geprägten Elternhaus aufgewachsen. Wir beteten vor den Mahlzeiten und gingen hin und wieder in den Gottesdienst. Im Alltag spielte Gott für unsere Familie allerdings keine wichtige Rolle. Ein großer Einschnitt in meinem Leben war die Scheidung meiner Eltern, als ich 12 Jahre alt war. Für mich zerbrach meine „heile Welt". Mein Vertrauen in Liebe und Geborgenheit war dahin. Ich fühlte mich einsam, verlassen und von Gott verraten.

In dieser schweren Zeit wusste ich nicht, wohin ich gehörte. Wer gibt meinem Leben einen Wert? Ich hatte den Eindruck, dass mir überhaupt niemand mehr wohlgesonnen war und dachte, ich müsste mich gegen alle verteidigen: gegen meine Eltern, gegen meine Mitmenschen und gegen

Gott. In meinem Herzen beschloss ich, mein Glück in die eigene Hand zu nehmen, um von niemandem mehr abhängig zu sein. Im Nachhinein erkenne ich, wie egoistisch ich in dieser Zeit gelebt habe und wie mein stolzes Herz mich viele falsche Wege geführt hat, auch wenn das von außen nicht immer sichtbar war.

Als Teenager bekam ich in der Schule in Baden-Württemberg von Gideons eine Taschenbibel überreicht. Ich las immer wieder darin und wurde von einem Vers getroffen: *„Sein Mund ist voll Fluch, Betrug und Bedrückung; seine Zunge richtet Schaden und Unheil an"* (Psalm 10,7). Zum ersten Mal erkannte ich, dass auch ICH Unheil anrichtete. Bis zu diesem Zeitpunkt hatte ich mich immer nur als Opfer gefühlt und so mein Denken und Handeln gerechtfertigt. Aber in meiner Selbstgerechtigkeit und meiner Sehnsucht nach Anerkennung war ich nicht glücklich. Von den Menschen, die ich liebte, verlassen und von mir selbst enttäuscht, ermutigte mich Psalm 27,1: *„Der Herr ist mein Licht und mein Heil; vor wem sollte ich mich fürchten? Der Herr ist die Kraft meines Lebens; vor wem sollte ich erschrecken?"* Auf der letzten Seite meiner kleinen Bibel *(siehe letzte Seite in diesem Buch)* las ich:

„Mein Entschluss, Jesus Christus als meinen Erretter anzunehmen. Ich bekenne, dass ich ein Sünder bin, und ich glaube, dass der Herr Jesus Christus für meine Sünden am Kreuz gestorben und zu meiner Rechtfertigung auferstanden ist. Ich nehme ihn jetzt an und bekenne ihn als meinen persönlichen Erretter."

Darunter befand sich eine Zeile zum Unterschreiben und Eintragen des Datums. Ich wusste, dass ich eine Sünderin bin, und ich glaubte daran, dass Jesus mich liebt und für mich gestorben ist – aber auferstanden? Das war für mich nicht zu verstehen. Das konnte ich nicht annehmen, und so blieb diese Zeile leer. Ich hatte einige gläubige Freundinnen. Mit ihnen ging ich in einen Jugendkreis des CVJM (Christlicher Verein Junger Menschen) bei uns in der Stadt. Es vergingen viele Monate, in denen ich Fragen stellte, zweifelte und immer mehr über Gott lernte. Ich las in der Bibel, um Antworten zu finden – mein Herz sehnte sich danach. 2001 bekamen wir im Jugendkreis Bibeln geschenkt. Es waren genau die gleichen kleinen grünen Taschenbibeln, wie wir sie damals in der Schule geschenkt bekommen hatten!

Einige Wochen später stieß ich beim Lesen wieder auf die letzte Seite. Ich las die Worte, die mir einst so unglaubwürdig erschienen waren. An diesem Tag schenkte Gott mir Gewissheit, dass sein Wort die Wahrheit ist und dass er gestorben und auferstanden ist, um mich in seinen Augen gerecht zu machen. Jesus hat am Kreuz für meine Schuld bezahlt. Auch wenn ich vieles noch nicht verstand, so wusste ich, dass ich Jesus in meinem Leben brauchte. Nur bei ihm würde meine Seele Ruhe finden. Ich betete, bekannte ihm meine Schuld und stellte mein Leben unter seine Herrschaft. Auf die Zeile schrieb ich das Datum: 01.04.2001. Zum ersten Mal in meinem Leben hatte ich etwas, auf das ich mich zu hundert Prozent verlassen konnte; etwas, das unvergänglich ist! Gottes Wort, die Bibel, ist mir zum Prüfstein geworden, ein Spiegel, in dem ich mich erkenne, wie ich wirklich bin. Die Bibel zeigt mir, wie Gott ist, und sie zeigt mir seinen Willen und seinen Plan. Jeden Tag darf ich lernen, im Gehorsam zu dienen, aus seiner Gnade zu leben und demütig seine Größe zu erkennen. Gott hat mir einen wunderbaren Mann an meine Seite gestellt und uns drei Kinder anvertraut. Durch Jesus hat mein Leben eine neue Ausrichtung bekommen. Ich möchte nicht mehr zu meiner Ehre, sondern zu Gottes Ehre leben! Ganz so, wie es in Kolosser 3,17 geschrieben steht: *„Und alles, was ihr tut, mit Worten oder mit Werken, das tut alles im Namen des Herrn Jesus, und dankt Gott dem Vater durch ihn!"*

Rosmarie Scheuble mit ihrer
Freundin Dagmara (rechts):
eine Gebetserhörung

Für manche Wege muss man
sich bewusst entscheiden

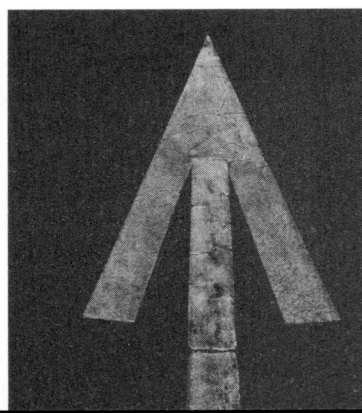

Rosmarie Scheuble

Dabei sein ist nicht alles
Was ist gelebter Glaube?

Am Karfreitag 1978 saß ich in meinem Zimmer und dachte:
„Heute ist Karfreitag – was ist da eigentlich genau passiert?"
Ich wusste, dass Jesus gelebt hatte und an Karfreitag gekreu-
zigt worden war. Ebenso wusste ich, dass Jesus für unsere
Sünden gestorben ist – aber hatte es auch etwas mit mir
persönlich zu tun?
Im Religionsunterricht und im Kindergottesdienst hatte ich
schon öfter davon gehört und in der Kirche hing ja auch
ein Kruzifix. Aber nun wollte ich es genauer wissen. In mei-
nem Nachtkästchen befand sich eine kleine rote Taschen-
bibel. Bis heute weiß ich nicht, woher ich sie hatte! Dieses
Büchlein nahm ich nun zur Hand, schlug es auf und las die
Geschichte von der Kreuzigung Jesu. Sie ging mir sehr zu
Herzen und ich empfand ein sehr starkes Mitgefühl für den

unschuldigen Jesus und sein Leiden, das er für uns Menschen auf sich genommen hat. Doch an der Stelle hätte ich wahrscheinlich das Entscheidende verpasst, wenn mein kleines rotes Büchlein keine Bibel von den Gideons gewesen wäre. Ich blätterte weiter und entdeckte auf der letzten Seite einige Bibelverse und eine Anleitung, wie man dem Herrn Jesus sein Leben anvertrauen kann *(siehe letzte Seite in diesem Buch)*. Ja, das wollte ich!

Also betete ich das dort abgedruckte Gebet, mit dem ich Jesus Christus in mein Leben einlud, und setzte meinen Namen mit Datum darunter. Ich fühlte eine große Freude darüber, dass mein Leben mit Gott nun in Ordnung gekommen war, und dachte damals, dass ich nun am Ziel angekommen sei. Das stimmte zum Teil auch, denn mein Ziel, Frieden mit Gott zu haben, hatte ich ja erreicht. Was ich noch nicht wusste, war, dass dies erst der Anfang eines neuen Lebens mit Gott war – eines Lebens, in dem wir durch den Heiligen Geist gelehrt, geführt und verändert werden – und dass sich eine besondere Beziehung zum Vater im Himmel, zu seinem Sohn Jesus und zum Heiligen Geist entwickelt.

Zunächst kannte ich keine anderen Christen. Dann besuchte ich die evangelische Jugend und kam zum CVJM (Christlicher Verein Junger Menschen). Dort lernte ich den gemeinsamen Austausch beim Bibellesen kennen und schätzen. Mit 21 Jahren freundete ich mich mit einem damaligen Arbeitskollegen, meinem jetzigen Mann Wolfgang, an. Er kam aus der katholischen Kirche und war sehr offen für das, was ich ihm von Gott erzählte. Gemeinsam besuchten wir sonntags Gottesdienste. Wir heirateten, bekamen einen Sohn und, wie das mit einem Baby so ist, hatten wir kaum mehr Zeit für uns. Und Gottesdienstbesuche mit einem Baby konnte ich mir nicht vorstellen. So entfernte ich mich schleichend von Gott, ohne dass es ich es so richtig bemerkte.

Aber Gott hatte mich nicht vergessen. Mir war bewusst, dass ich Jesus Christus einmal mein Leben anvertraut hatte, aber was war jetzt daraus geworden? Ich bereute meine Untreue und bat Gott um Vergebung. Gleichzeitig sagte ich ihm, dass ich es alleine nicht schaffen würde, ein Leben mit ihm zu leben. „Bitte gib' mir jemanden, der mich darin unterstützt", betete ich. Gott erhörte mein Gebet.
Kurze Zeit später erhielt ich einen Anruf von einer früheren Bekannten, die mich besuchen wollte. Wir unterhielten uns lange, sie erzählte mir aus ihrem Leben und davon, was sie mit dem Herrn Jesus erlebt hatte. Als sie sich gerade an der Tür verabschieden wollte, durchfuhr mich plötzlich ein heißes Gefühl vom Kopf bis zu den Zehenspitzen. Erst jetzt erkannte ich, dass sie meine Gebetserhörung war! Von da an trafen wir uns einmal wöchentlich, um in der Bibel zu lesen, uns auszutauschen und miteinander zu beten. Heute kann ich bezeugen, dass Gott mein Leben verändert hat. Aus einer schüchternen Rosmarie wurde durch Jesus Christus eine offene Frau, die das Gute, das sie bekommen hat, gerne an die Menschen weitergibt und die an einem Leben mit Gott interessiert ist.

Das Glück der Sünden-vergebung

32 Eine Unterweisung Davids. Glücklich ist der, dem die Übertretungen vergeben wurden, dessen Sünde zugedeckt ist! Glücklich ist der Mensch, dem der HERR die Schuld nicht anrechnet, in dessen Geist keine Falschheit ist!

Denn als ich es verschweigen wollte, verfielen meine Gebeine durch mein tägliches Stöhnen. Denn deine Hand lag Tag und Nacht schwer auf mir, sodass mein Saft in der Sommerhitze vertrocknete. (Sela.)

"Ich will dich unterweisen [...] dir den Weg zeigen, den du [...] hen sollst; ich will dich mit [...] nen Augen leiten." "Seid [...] wie Pferde und Maultiere, [...] keinen Verstand haben, [...] man Zaum und Gebiss ins M[...] legen muss, sonst wollen sie [...] dir nicht nähern.

Der Gottlose hat viele Schmer[...], wer aber auf den HERRN [...] traut, den umgibt seine Güte. [...] Freut euch am HERRN [...], [...]jauchzt, ihr Gerechten, [...] [...]ch, alle ihr Aufrichtigen [...]

Loblied auf Gottes M[...] und Güte

33 Freut [...]

Stefan Nix

Gottes Wort hat Kraft
Hat die Bibel mir etwas zu sagen?

„Bücher sind zum Lesen da! Wer also wirklich drin lesen will, darf sich ein Buch nehmen", sagte unser Religionslehrer in der siebten Klasse, nachdem unser Besucher von den Gideons seine Ansprache beendet hatte und die Pause nahte. Da ich mir nicht sicher war, ob ich wirklich darin lesen wollte, nahm ich mir keins. Schnell stellte ich fest, dass ich da wohl der Einzige war. In der Pause blätterten alle begeistert in ihren neuen grünen Taschenbibeln. Jetzt wollte ich doch eine und ging in den Klassenraum zurück. Der Mann mit den Bibeln war noch dort, ins Gespräch mit meinem Lehrer vertieft. Meiner Bitte, doch noch eine Bibel zu bekommen, kam er gerne nach. Ich nahm mir fest vor: „Jetzt musst du das auch lesen!"

Abgesehen von ein paar biblischen Geschichten, die ich bei sporadischen Kindergottesdienstbesuchen gehört hatte, war mir die Bibel fremd und ich fing an zu lesen, wie man in einem Buch liest: von vorne. Zuerst las ich also das Matthäusevangelium. Die Geschichte von Jesus Christus fand ich faszinierend! Dieser Krimi mit unerwartetem Ausgang und dem wunderbaren Versprechen am Schluss: „Ich bin bei euch alle Tage, bis an das Ende der Welt"! Aber was sollte das? Im Markusevangelium stand die gleiche Geschichte noch mal. „Was für ein komisches Buch!", dachte ich. „Mal sehen, wie es ausgeht!" Ich blätterte also ans Ende, zu den Psalmen.

Psalm 32 war es dann, der mich damals im Alter von etwa 12 Jahren ins Herz traf. *„Glücklich ist der, dem die Übertretungen vergeben wurden (...) Denn als ich es verschweigen wollte, zerfielen meine Gebeine durch mein tägliches Stöhnen."* Dass Mama es ja doch rausbekam, wenn ich etwas ausgefressen hatte und dass Vertuschen keinen Sinn machte, wusste ich – aber auch dies las ich: *„Ich will dem Herrn meine Übertretungen bekennen. Da vergabst du mir die Schuld meiner Sünde."* Besser gleich mit der Wahrheit rausrücken! Und das sollte bei Gott auch so sein? Die Vergebung macht den Weg frei zu einer wundervollen Gemeinschaft mit dem besten Lebensbegleiter: *„Deshalb soll jeder Fromme zu dir beten zu der Zeit, in der du zu finden bist; darum, wenn große Wasserfluten kommen, werden sie ihn nicht erreichen. Du bist mein Schirm, du wirst mich vor Bedrängnis behüten, sodass ich über meine Rettung fröhlich jubeln kann"* (Psalm 32,6-7). Hilfe und Schutz, ein guter Freund und Wegweiser möchte Gott sein: *„Ich will dich unterweisen und dir den Weg zeigen, den du gehen sollst; ich will dich mit meinen Augen leiten"* (Vers 8). Wer auf Gott verzichtet, macht sich das Leben nur unnötig schwer: *„Der Gottlose hat viele Schmerzen; wer aber auf den Herrn vertraut, den umgibt seine Güte"* (Vers 10).

Es war irgendwann abends im Bett, als ich diesen Psalm las und mich diese Worte mit einem unglaublichen Gefühl von Erhabenheit, Glück und Ehrfurcht erfassten und mir Tränen in die Augen trieben. Dass Gott so persönlich mit mir sprach, hatte ich bislang in meinem Leben noch nie so deutlich gespürt. Ich erinnerte mich an die hinteren Umschlagseiten in meiner Bibel *(siehe letzte Seite in diesem Buch)*, die von der Entscheidung für Jesus Christus sprachen, und wusste: Dies war der Moment, wo ich nicht mehr anders konnte. Gottes Wort hatte mich erreicht. Jesus Christus reichte mir in diesem Moment die Hand, ich musste sie nur ergreifen. Noch einmal las ich die Bibelverse auf den hinteren Umschlagseiten und trug meinen Namen ein, um es nicht zu vergessen. Jesus Christus hatte mich gepackt. Ich war mir sicher: Nie wollte ich wieder losgelassen werden.

„Denn ich bin gewiss, dass weder Tod noch Leben, weder Engel noch Gewalten noch Mächte, weder Gegenwärtiges noch Zukünftiges, weder Hohes noch Tiefes noch irgendein anderes Geschöpf uns trennen kann von der Liebe Gottes, die in Christus Jesus ist, unserem Herrn.“

Römer 8,38-39

Da ich keinen Kontakt zu gleichaltrigen Christen hatte, las ich weiter in der Bibel. Aus dem Bibellesen ergaben sich viele Fragen. Mein Religionslehrer und die beiden Pfarrer im Konfirmandenunterricht waren alle drei auf ihre Art überzeugende Christen und sie nahmen sich viel Zeit für meine Fragen – auch für die schwierigen. Zunächst fand ich meine geistliche Heimat im normalen Sonntagsgottesdienst. Erst nach der Konfirmandenzeit gab es eine Jugendleiterin, die im Nachbarbezirk eine Jugendarbeit aufbaute. Diese Frau hatte eine lebendige Beziehung zu Jesus Christus, das spürte nicht nur ich, sondern auch viele andere. Ihr Zeugnis und die Gemeinschaft mit gleichaltrigen Christen ließen mich im Glauben wachsen. Später habe ich Theologie studiert und bin heute Pastor der rheinischen Landeskirche – inzwischen krankheitsbedingt nur noch ehrenamtlich – und selbst damit beauftragt, von Jesus Christus weiterzusagen. Ich habe erkannt: Es ist nicht wichtig, auf alle Fragen eine Antwort zu haben. Die Beziehung zu Jesus Christus ist das Entscheidende. Ich halte mich an die Worte der Bibel, die ich verstehe und die zu mir sprechen. Die sind, wenn man ehrlich ist, herausfordernder als die, die man nicht versteht (das sagte, glaube ich, schon Mark Twain). Die Botschaft Gottes an uns ist in der Bibel deutlich zu vernehmen: „Ich liebe dich und möchte mit dir durchs Leben gehen."

Dankbar bin ich allen, die mir von Jesus Christus weitergesagt haben – und natürlich den Gideons, die damals wie heute Bibeln unter die Leute bringen. Dem Gideon von damals, der mir die Bibel überreicht hat, konnte ich inzwischen persönlich danken.

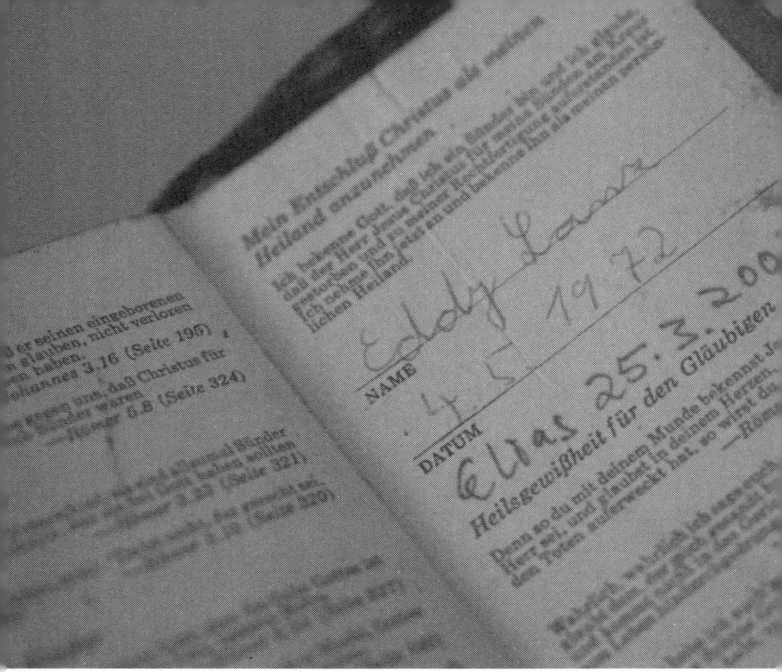

Die Taschenbibel von Eddy Lanz (links) und die „letzte Seite" mit seiner Unterschrift (oben), darunter die Unterschrift seines Sohnes Elias

Gebet spielt eine große Rolle in Eddys Leben (Bild unten)

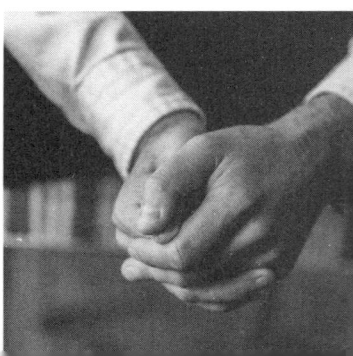

Eddy Lanz

Geduldig und treu
Welche Macht hat das Gebet?

Mein Name ist Eddy Lanz, ich bin verheiratet und habe mit meiner Frau Waltraud sieben Kinder. Aufgewachsen bin ich in Rotenburg (Wümme) in Niedersachsen, wo meine Eltern eine Diskothek, eine Gastwirtschaft und einen Imbiss hatten. In diesem Gebäude wohnte ich die ersten 20 Jahre meines Lebens. Eines Tages kamen Gideons zu uns ins Ratsgymnasium Rotenburg und boten uns Taschenbibeln an. Als ich hörte, dass die Bibeln kostenlos seien, nahm ich eine und las abends vor dem Schlafengehen immer ein paar Minuten darin. Unsere Familie hatte eine evangelisch-lutherische Prägung. Konfirmandenunterricht bekam ich auch, aber durch den Besuch der Gideons geschah etwas Entscheidendes: Ich bekam eine eigene Bibel und dadurch Zugang zu Gottes Wort. Durch das Lesen der Bibel wurden mir Sünden bewusst und ich erkannte, dass ich ein Problem hatte. Irgendwann abends im Bett stieß ich beim Lesen auf das Gebet auf den letzten Seiten der kleinen Bibel (siehe letzte Seite in diesem Buch):

„Hiermit bekenne ich, dass Jesus Christus Gottes Sohn ist, dass er für mich und meine Sünden am Kreuz gestorben und zu meiner Rechtfertigung auferstanden ist und ich nehme ihn als meinen persönlichen Herrn an. Amen."

Als ich das an einem Abend las, erkannte ich: „Das ist die Lösung für mein Problem." Ich hatte Sünden in meinem Leben bemerkt, und das hatte mich beschwert und bedrückt. Und jetzt las ich hier, dass Jesus Christus für meine Sünden gestorben und zu meiner Rechtfertigung auferstanden war. Ich habe das innerlich bejaht, bin aufgestanden, habe dieses Gebet gebetet und hatte innerlich Frieden. Aber das war nur ein ganz kleines Pflänzchen und es hätte leicht übermannt werden können. Gott hat es dann geführt, dass ich in der Schule Christen kennenlernte und Kontakte zur Landeskirchlichen Gemeinschaft in Rotenburg bekam. Dort konnte ich weitere Schritte im Glauben gehen. Als ich mich zur Taufe meldete, um meinen Glauben öffentlich zu bekennen, lud ich auch meine Oma ein.

Sie war eine gläubige Frau, die 50 Jahre lang für ihre vielen Kinder gebetet hatte. Ein Wunsch von ihr war, dass einer ihrer Söhne Prediger des Evangeliums werden würde. Als sich dieser Wunsch nicht erfüllte, begann sie, für ihre Enkel zu beten. Durch Gottes Gnade kam ich zum Glauben. Ich bin mir aber sicher, dass meine Großmutter mit ihren Gebeten zu meiner Umkehr zu Gott beigetragen hat. Wir beide haben uns dann „verbündet" und die letzten zwei Jahre bis zu meinem Abitur gemeinsam für ihre Kinder und

Enkel gebetet. Nach dem Abitur überlegte ich, Theologie zu studieren. Ich war mir nicht sicher, ob mich der Herr in der Mission gebrauchen würde, aber ich dachte, dass ich mich ja mal darauf vorbereiten könne. Mein Vater ärgerte sich fürchterlich, als ich gläubig wurde. Er empfand das als eine große Schande und meinte, dass sein Sohn durchgeknallt wäre. Das war nicht leicht für mich. Es dauerte etwa zwei Jahre, bis sich die Atmosphäre änderte und meine Eltern erlebten, wie Gott meine Gebete erhörte.

Ich war so glücklich, denn ich war frei, und meine Eltern merkten mir diese Freude an. Als ich ihnen in einer Krise meine Hilfe in der Gastwirtschaft anbot, sagte meine Mutter: „Geh in dein Theologiestudium. So glücklich und zufrieden wie du bist, werden wir vielleicht nie werden." Ich betete darüber und bekam grünes Licht für das Studium. Von 1979 bis 1984 studierte ich an der Freien Evangelisch-Theologischen Akademie Basel (FETA, heute: STH Basel). Wichtig bei meiner Entscheidung für diese Akademie war, dass dort die Bibel als Wort Gottes anerkannt war. Das war das, was ich wollte, denn durch das Wort Gottes bin ich zum Glauben gekommen. Nach-

Aber er hat zu mir gesagt: „Lass dir an meiner Gnade genügen; denn meine Kraft ist in den Schwachen mächtig." Darum will ich mich am liebsten meiner Schwachheit rühmen, damit die Kraft Christi bei mir wohnt. Darum bin ich guten Mutes in Schwachheiten, in Misshandlungen, in Nöten, in Verfolgungen, in Ängsten, um Christi willen; denn wenn ich schwach bin, dann bin ich stark.

2. Korinther 12,9-10

dem das erste Jahr meines Studiums vorbei war, hatte ich den Antrag auf BAföG verspätet gestellt und betete dafür. Als die Zusage kam, freuten sich meine Eltern mit mir und mein Vater sagte zu mir: „Da hat dir dein ‚Kumpel' wieder geholfen." Nach dem Theologiestudium war ich etwa drei Jahre als Assistent an der FETA tätig. Dann kam eine Berufung in das Missionshaus „Bibelschule Wiedenest". Meine Frau und ich dachten, dass das schon mal ein Schritt in Richtung Mission sei. Ich muss dazu sagen: Noch bevor wir uns befreundet hatten, hatte ich sie gefragt: „Wenn Gott will, dass wir in die Mission gehen, wärst du bereit, mitzugehen?" Ihr „Ja" war für mich auch die Bestätigung, eine feste Freundschaft mit ihr einzugehen. Mission war mir sehr wichtig, einfach aus Dankbarkeit Gott gegenüber, weil ich so glücklich war, errettet zu sein.

Tatsächlich durften wir mit unserer großen Familie ganze 18 Jahre lang in Pakistan Gott dienen und wir erlebten, wie er durch meine Verkündigung wirkte. Es war unglaublich. Wir waren in der Islamischen Republik Pakistan und ich hatte ein Visum als Missionar, das mehrfach verlängert wurde. Ich wurde eingeladen, um dort vor Hunderten von Menschen zu predigen. Während dieser Zeit habe ich manchmal an meine Oma und ihre Gebete gedacht. Als ich sie kannte, war sie Analphabetin. Sie konnte ihre Bibel zwar nicht lesen, aber sie hat sie geliebt. Als ich vor dem Studium noch in Rotenburg wohnte, habe ich sie jeden Sonntag besucht. Ich habe gemerkt, wie groß ihr Hunger nach Gottes Wort war, und wir hatten so eine tolle Gemeinschaft. Manchmal waren wir stundenlang zusammen. Teilweise bin ich in der Nacht von Sonntag auf Montag erst um drei Uhr nach Hause gekommen. Später, als ich in Pakistan war, habe ich mich daran erinnert, dass da eine Frau war, die 50 Jahre lang betete, obwohl scheinbar nichts passierte und keines ihrer Kinder kam zum Glauben. Dann wurde ihr Enkel gläubig und Missionar in Pakistan. Die Zeit dort war nicht immer einfach. Die christliche Schule, die meine Kinder besuchten, wurde während unserer Zeit dort einmal von den Taliban attackiert. Sechs unserer Kinder waren zu dem Zeitpunkt in der Schule, aber keines von ihnen kam zu Schaden. Gott hat sie wunderbar bewahrt, doch sechs andere Menschen starben. Das war eine große Krise.

Ein knappes Jahr nach den Anschlägen vom 11.09.2001 (in den USA) fand eine Attacke auf ein Missionskrankenhaus in Pakistan statt. Da sagte ich meinen Kindern, dass wir das Land verlassen müssten. Die Terroristen hatten eine Liste, die auch evangelikale Einrichtungen als Ziel aufführte. Sie fingen an zu weinen und ich sagte, dass wir beten müssten. Schließlich wurde einer der Drahtzieher des Anschlags vom 11. September nach einer großen Schießerei festgenommen. So hatten wir ein paar Jahre Ruhe vor terroristischen Attacken und konnten in Pakistan bleiben. Dort habe ich u. a. am „Zarephath Bible Seminary" unterrichtet und die Bibel in vielen verschiedenen Sprachen gelesen. Ich glaube, dass das Wort Gottes enorm wichtig ist – in jedem Land, in allen Kulturen. Es entscheidet darüber, wer zu Gott kommt und wer nicht. Möge dieses Wort auch in unserem Land wirken.

Hier geht es
zum Video mit
Eddys Geschichte!

gideons.de/**story-eddy22**

Nachwort des Herausgebers

Wenn es einen lebendigen Gott gibt und er Menschen inspiriert hat, sein Wort (die Bibel) aufzuschreiben, dann ist dieses Wort ebenfalls lebendig! Wenn nun das geschriebene Wort lebendig ist, dann ist sein Autor anwesend, wenn ein Mensch die Bibel liest. Gott spricht zu den Menschen in allen möglichen und unmöglichen Lebenssituationen durch das Lesen in seinem Wort, oder auch durch äußere Umstände. Sein Wort wirkt manchmal wie ein Hammer, der Felsen zerschlägt und dann wieder wie eine Umarmung, die heilsam ist, damit Menschen zur Umkehr und zum Glauben an Jesus Christus finden.

Nehmen Sie die „Schritte in ein neues Leben" auf den letzten Seiten dieses Buchs persönlich und treffen Sie eine Entscheidung.

Weitere persönliche Geschichten aus Deutschland:

Johannes Wendel (Hg)
**„Ich habe dem Mörder
meiner Tochter vergeben"**
ISBN: 978-3-89436-830-2

In 17 bewegenden und erstaunlichen Berichten erzählen
Menschen aus Deutschland, wie das Lesen der Bibel ihr
Leben verändert hat. Die einen fanden Trost in leidvollen
Situationen, andere einen Ausweg aus Drogen und einem
verpfuschten Leben. Menschen entdeckten plötzlich Sinn
und Zufriedenheit in ihrem Alltag oder echtes Lebensglück
jenseits der Glamourwelt des Showbusiness.

Allen Berichten ist gemeinsam, dass diese Lebensveränderung durch die Begegnung mit einer Person zustande kam:
Jesus Christus.

Johannes Wendel (Hg)
**Den dunklen Mächten
entkommen**
ISBN: 978-3-86353-424-0

„Warum diese Ungerechtigkeit?" Haben Sie sich nicht auch
schon einmal diese Frage gestellt – vielleicht durch Unglück,
Unfall, Fremd- oder Eigenverschulden?

Das Leben kann wunderbar verlaufen und doch spürt man
eine innere Leere. 15 Menschen erzählen davon, wie die
Bibel sie in schwierigen Lebenssituationen angesprochen
hat und wie unterschiedlich sie darauf reagiert haben.
Doch so unterschiedlich diese Berichte auch sind, sie haben
alle eines gemeinsam: Diese Menschen fanden eine Antwort!

Lebensberichte aus den USA und der ganzen Welt:

Johannes Wendel (Hg)
„Mein Leben war wie Müll"
ISBN: 978-3-86353-016-7

Haben Sie sich nicht auch schon einmal einen Gottesbeweis
gewünscht und gebetet: „Beweise dich, Gott"?
Dies ist ein alter Wunsch der Menschheit, der sich bis in
die Gegenwart fortsetzt: David S. ließ all seine Wut an der
„Heiligen Schrift" aus, die er in der Hand hielt. Er forderte
Gott heraus, sich irgendwie zu beweisen, wenn er denn
existierte. Dann kam er zu dem Schluss: „Es gibt ihn nicht."
Doch diese Geschichte ging weiter.

In diesem Buch schildern 15 Menschen unterschiedli-
che Lebenssituationen. Sie kommen aus wohlbehüteten
Elternhäusern, sind erfolgreich im Beruf oder vollkommen
abgestürzt wie im Fall eines Drogendealers. Es sind wahre
Geschichten des Lebens, die alle etwas gemeinsam haben:
eine Lebensveränderung – ein Happy End, das durch ein
Buch zustande kam.

Buchempfehlungen der
Christlichen Verlagsgesellschaft, Dillenburg:

Irmgard Grunwald
Meine Seele hat Flügel

Gb., 176 S., 11 x 17 cm
Best.-Nr. 271533
ISBN 978-3-86353-533-9

Die Autorin erlebte trotz ihrer langjährigen Erkrankung an
ALS jeden Tag die Liebe und Fürsorge Gottes.
So verzweifelte sie nicht, sondern blickte sogar mit Humor
auf ihren Alltag, an dem sie den Leser in ihren mal amüsan-
ten, mal nachdenklich stimmenden Kolumnen teilhaben
lässt.

Susanne von Pentz-Jaeger
Plötzlich ist er nicht mehr da
Ein Bergunglück. Ein Schock. Das weitere Leben.
Gb., 128 S., 11 x 17 cm
Best.-Nr. 271622
ISBN 978-3-86353-522-0

Bei einem Unfall verlor die Autorin ihren Ehemann. Offen schreibt sie über ihren Verlust, ihre Trauerzeit und darüber, wie es danach weiterging.
Sie möchte anderen, die ebenfalls einen Menschen verloren haben, Mut machen und Anregungen für die Begleitung von Trauernden geben.

Bruce Baker
Trotzdem bist DU bei mir!
Warum ich? Warum das? Warum jetzt?
Gb., 144 S., 12 x 18,7 cm
Best.-Nr. 271749
ISBN 978-3-86353-749-4

Bruce Baker leidet an der unheilbaren tödlichen Krankheit
ALS. Dennoch erlebt er Frieden und Freude auch im Ange-
sicht des Todes. Dabei macht er klar: Was ihn anders macht,
ist nicht, wer er ist, sondern wen er kennt und was er ver-
sprochen hat.
Baker schreibt für Menschen, die gezwungen sind, sich
mit Tod und Sterben auseinanderzusetzen. Manche nen-
nen das einen Fluch. Baker nennt es ein Geschenk. Finden
Sie in diesem persönlichen und berührenden Buch heraus,
warum.

Hartmut Jaeger
Warum das alles?
Persönliche Erfahrungen und Denkanstöße im Leid
Tb., 64 S., 11 x 18 cm
Best.-Nr. 273801
ISBN 978-3-89436-801-2

Dieses Buch nimmt Stellung zur Frage nach dem Leid.
Es wird deutlich: Wer glaubt, ist besser dran im Leid und
gewinnt sogar eine Perspektive über das Leid hinaus.
Christen geben in diesem Buch Zeugnis davon, wie sie
mit unterschiedlichsten Krisensituationen in ihrem Leben
umgegangen sind.

Schritte in ein neues Leben

Gottes Liebe

Denn so sehr hat Gott die Welt geliebt, dass er seinen eingeborenen Sohn gab, damit alle, die an ihn glauben, nicht verloren gehen, sondern ewiges Leben haben.
Johannes 3,16

Gott aber beweist seine Liebe zu uns darin, dass Christus für uns starb, als wir noch Sünder waren.
Römer 5,8

Die Frage der Schuld

Denn es ist kein Unterschied, denn alle haben gesündigt und erlangen nicht die Herrlichkeit Gottes.
Römer 3,22b–23

Wie geschrieben steht: „Da ist keiner, der gerecht ist, auch nicht einer." Römer 3,10

Gottes Angebot

Denn der Lohn der Sünde ist der Tod; aber die Gabe Gottes ist das ewige Leben in Christus Jesus, unserem Herrn.
Römer 6,23

Der Menschensohn ist gekommen, um zu suchen und zu retten, was verloren ist. Lukas 19,10

Gottes Hilfe

Siehe, ich stehe vor der Tür und klopfe an. Wenn jemand meine Stimme hören und die Tür öffnen wird, zu dem werde ich hineingehen und und das Mahl mit ihm halten und er mit mir. Offenbarung 3,20

Denn jeder, der den Namen des Herrn anruft, wird gerettet werden. Römer 10,13